ジェロントロジー・ライブラリー
Ⅱ 高齢期の就業と健康

何歳まで？働くべきか

[編著]
藤原 佳典
小池 高史

社会保険出版社

■ もくじ ■

はじめに ……………………………………… 6

第1章　仕事がくれる、健康パワー ………11

働く楽しみが「要介護」へのブレーキに
………………………………（星　旦二）…12

1. シルバービジネスが軌道に乗り、
　　老人ホームに来る人が減った ………………14
2. 「要介護」状況の地域差を決めている要因とは …16
3. 保健師が多い地域の方が働き続ける人が多い …20
4. 生産年齢人口がさらに減る今後に向けて ………21

年齢とともに、活躍の舞台を変えよう！
………………………………（藤原佳典）…26

1. 「仕事」の意味も「健康」の意味も
　　年とともに変わってくる …………………………28
2. 高齢者の活動能力は、
　　3つの生活機能から判断される …………………34

3. 現役から引退したら
　「社会貢献」に意識を向けよう　……………40

4. 日本人の生きがいは、
　やはり仕事があってこそ　……………………44

働き続けることが社会を助ける

………………………………………（小池高史）…50

1. 高齢者の就業が社会保障費抑制のカギ　…………52

2. 就業が社会保障費に与える影響　………………58

第1章著者プロフィール　……………………………66

第2章　こうすれば上手くいく
～働き続ける知恵と工夫～　………………67

被災地域で始まった健康農業活動に学ぶ

………………………………………（望月美希）…68

1. 震災が招いた、農業からの退職　………………70

2. 「健康農業 亘理いちご畑」の活動の現場から　…74

3. 活動参加者の大半は、後期高齢者　………………81

4. 収入はなくとも、
　これは立派な「仕事」になる　………………86

秘訣は、就業ニーズと働く場所のマッチング

……………………………………（松永博子）…88

  1. 高齢者の働く理由と求める働き方 ……………90

  2.「働きたい」のに「働けない」現実が …………96

  3. これからの就業ニーズとマッチングを考える … 102

介護予防になる生きがい就業のかたち

………………………（中村桃美・石橋智昭）… 110

  1. シルバー人材センターで働く人々の生きがい … 112

  2. 生きがい就業で健康度が改善 ………………… 122

第2章著者プロフィール ………………………… 132

第3章　最新のホットなテーマと　　研究事例 ………………………… 133

働いていたほうが健康に良く、長生きしやすい

……………………………………（藤原佳典）… 134

  1. 就業が健康に与える影響を実証するには ……… 135

  2. 追跡調査8年間の結果が証明 ………………… 140

  3.「就業」が健康に与える影響には　　男女差がある ………………………………… 144

「フルタイム」でも、「パートタイム」でもいい
················(南　　潮)··· 148

1. いろいろな働き方が選べる時代── ············ 149
2. 「フルタイム」と「パートタイム」の
   健康度は同水準 ················ 153

求職高齢者の仕事探しと認知機能の関連
················(鈴木宏幸)··· 162

1. 認知機能にとって、
   仕事による社会との接点が重要 ················ 163
2. 求職高齢者に認知機能検査の協力をお願い ··· 167

第3章著者プロフィール ················ 178

おわりに ················ 179

装丁・デザイン／（株）溪・（有）プッシュ

はじめに

東京都健康長寿医療センター研究所　**藤原佳典**

　総務省「人口推計」によれば、わが国では、平成 27 年
10 月 1 日時点で 65 歳以上の高齢者が 3,392 万人となり、
国民の 4 人に 1 人以上（26.7％）が高齢者という、超高齢
社会を迎えています。1950 年代以降、65 歳以上の「老年
人口」割合が上昇し続けているのとは対照的に、15 歳未
満の「年少人口」割合は減少し、1995 年ごろには、15 〜
64 歳の「生産年齢人口」の割合も減少に転じました。

　この背景には、出生率の低下とともに長寿化があります。
厚生労働省「平成 26 年簡易生命表」によると、日本人の
65 歳時の平均余命は男性が 19.29 年、女性が 24.18 年とな
りました。このように長期化する「老後」を、いかに充実
した生活にできるかは、高齢者のみならずこれから高齢期
を迎える人々にとっても大きな課題です。

　目を転じ、社会全体の視野からこの長期化する「老後」
を捉えれば、65 歳以上の高齢者を一律に「支えられる側」
とみなすのでは、若い世代の医療費・年金など社会保障費
の負担が増大するばかりです。このような社会保障費の負
担と受益、介護と子育てに関わる諸問題など、世代間の様々
な格差の問題を乗り切るには、まずは、元気で意欲のある

高齢者に職場や地域で積極的な役割を果たし、一緒に社会を支えてほしいという期待と要望が日々膨らんでいます。高齢者の社会参加、さらには社会貢献。それは、生きがいを求める高齢者側からのニーズだけでなく、社会の側からのニーズでもあります。

　高齢社会の先鞭をとるのがわが国。もはや世代間の対立などという余裕はありません。すべての世代が認め合い助け合う運命共同体であるという連帯意識で、新たな社会を構築していかなければならない時代がはじまっています。

　ただし、元気な高齢者が社会を「支える側」に立つ、つまり、社会に貢献するということを論じる前に、筆者は次の2つの視点が重要だと考えます。

　高齢期の社会貢献というと、ボランティアや町会・自治会での活動をイメージする人が多いかもしれませんが、働くこと、つまり就業もあります。そこで、一つ目の視点は、高齢者自身が希望する社会貢献の形態や内容とは、どのようなものかを探り、知ること。そして二つ目が、働いたり、ボランティアをすることで健康を害するリスクはないかを探ることです。

ところで、60歳以上の方々に、「何歳頃まで収入を伴う仕事をしたいか」とたずねた意識調査の結果は、「働けるうちはいつまでも」が28.9％と最も多く、全体の71.9％が何かしらの就業を希望していました（平成27年高齢社会白書）。

　まだまだ働こうという意志さえあれば、現在の景気と雇用状況やそれを支援する法整備・社会システムは追い風です。 社会がそれを必要としているのですから。

　一方、「女性に比べて、地域活動やボランティアといったかたちで社会参加・社会貢献する男性が少ない」という声をしばしば耳にします。どうやら、とりわけ男性の社会参加・社会貢献のカギは、地域社会やボランティアだけでなく、就業にあると伺えます。

　そこで、本書では、老年学、公衆衛生学分野をはじめとした専門家の寄稿によって、加齢に伴い心身機能が低下してきても、いつまでも働き続けることができる要件について、多面的に紹介したいと思います。

＜高齢期と就業のパラダイム＞

　高齢者の労働力を社会にどう生かすのか、この視点を中心に、労働経済や労働衛生の分野からの研究はすでに多くなされています。しかし、地域づくりのための「社会参加と就業」、「地域保健と就業」という視点からの研究はほとんど空白地帯でした。

　近い将来、生産人口や労働人口の減少が見込まれているから働かされるのではなく、定年後世代がこれからの人生をより豊かに、より高い主観的幸福感を伴って過ごせる社会と時代を創るために、いくつになってもハリのある仕事や役割が必要なのではないか。しかも地域の中にその仕事や役割が多く存在し、その任を果たすことで、自分たちの町が健康的で幸せになる。そんなパラダイムを描いて、本書は発案されました。

　執筆メンバーは、日本学術振興会科研費基盤研究B「特設分野研究（ネオジェロントロジー：JSPS科研費26310112）」の助成を受けて取り組んでいる『高齢者就労支援研究プロジェクト』や、「東京都健康長寿医療センター研究所・社会参加と地域保健研究チーム」の有志と、公衆衛生を生涯現役の視点から論じられた祖であり師である星旦二先生に加わっていただきました。

編集委員・執筆者一覧

■編集主幹・執筆

藤 原 佳 典　東京都健康長寿医療センター研究所・
　　　　　　　社会参加と地域保健研究チーム 研究部長

■編集委員・執筆

小 池 高 史　九州産業大学国際文化学部講師
　　　　　　　東京都健康長寿医療センター研究所協力研究員

■執筆 （執筆順）

星　旦　二　首都大学東京・名誉教授　放送大学客員教授

望 月 美 希　東京大学大学院新領域創成科学研究科博士課程
　　　　　　　日本学術振興会特別研究員（DC2）
　　　　　　　東京都健康長寿医療センター研究所研究生

松 永 博 子　東京都健康長寿医療センター研究所・
　　　　　　　社会参加と地域保健研究チーム リサーチアシスタント

中 村 桃 美　公益財団法人ダイヤ高齢社会研究財団 リサーチアシスタント

石 橋 智 昭　公益財団法人ダイヤ高齢社会研究財団 研究部長

南　　潮　　鳥取短期大学幼児教育保育学科　助教
　　　　　　　東京都健康長寿医療センター研究所協力研究員

鈴 木 宏 幸　東京都健康長寿医療センター研究所・
　　　　　　　社会参加と地域保健研究チーム 研究員

第1章

仕事がくれる、健康パワー

地域によって要介護認定の割合に差があり、
介護保険料も大きな差があります。
誰でも介護保険料は低い方がいいはず。
そこでその差がどこから生じているのか、
それを調べた結果をここでお知らせします。
医療だけに依存せず、高齢者も働き続けることが、
やはり要介護人口を増やさない要因でした。

働く楽しみが 「要介護」へのブレーキに

第 1 章　仕事がくれる、健康パワー

首都大学東京

名誉教授　星 旦二

ずっと働ける環境づくりを、みんなで進めていきたいね

1. シルバービジネスが軌道に乗り、
　老人ホームに来る人が減った

■高齢者の就業率が高いほど
■介護が遠のく、その実例

　「高齢者の就業と健康」というテーマに関心があり、この本を読んでくださっている読者の方々なら、おそらくそのほとんどの方がすでにご存じだと思いますが、山間部のおばあちゃんたちが活躍するビジネスで、日本一有名になった事例があります。徳島県上勝町の「葉っぱビジネス」です。異常寒波でみかんが枯死した大打撃をカバーするために始まったのが、日本料理のつまものとして供される「葉っぱ」の出荷でした。「彩（いろどり）」と名付けて企業体を立ち上げ、四季折々の葉っぱを栽培、出荷、販売しています。

　「葉っぱ」だから軽量で、しかもきれい。中高年の女性が取り組みやすい発想がポイントでした。おばあちゃんたちが自らパソコンやタブレットを使って「上勝町情報ネットワーク」から入る全国の市場の需要と供給の状態を見ながら、出荷量を決めています。中には年に1000万円を稼ぐおばあちゃんもいるという話もよく知られています。

　このビジネスの舞台をプロデュースした横石知二社長の講演をお聞きする機会がありました。彼は農協職員から、町の課長補佐になっていた方です。人口2千人、高齢化率

14

第1章　仕事がくれる、健康パワー

が約5割。つまり2人に1人は高齢者だというこの町の要介護者は何人だと思いますか？　1年間に見る要介護状況者数は、なんと2人です。「葉っぱビジネス」が全国から注目され、仕事が忙しくなって老人ホームの利用者数がだんだんに減り始め、ついに町営の老人ホームはなくなったそうです。『人生、いろどり』という映画にもなりました。

　住民を主役にするその舞台づくり、創意工夫の日々、自分の健康を犠牲にしてまでも継続的に努力された感動的な講演で、涙が止まりませんでした。数値で科学的に実証されたエビデンスが何よりも大事ではありますが、現場が証明するその力ほど、波及力のあるものはないかもしれません。さまざまな課題とその本質は現場にあるとともに、解決策も現場から学べる。それが、筆者が専門とする公衆衛生学の醍醐味です。

写真提供／株式会社いろどり

2. 「要介護」状況の
地域差を決めている要因とは

■ 都道府県別に開きのある
■ 要介護割合の較差を縮めるには？

　さて、私たち研究者の仕事は前述のような現場で育つ問題解決の芽を探索し、その芽が広がって一般化し、世の中が良い方向に変わっていくことを手助けすることです。そのためにはまず、その解決方法が本当にほかにも適応できるものなのか、これを見極めるために科学的な実証研究を行い施策の提言につなげることです。

　上勝町のように、高齢者が就業ビジネスで活気を取り戻すことが、本当に日本各地の要介護率を低下させることに通用するのでしょうか？　就業が介護を必要とする人を上勝町のように減少させる効果を生めば、その町の介護保険料は低くなるわけです。これは大きな、大切なテーマです。

　そこで私たちは、地域別（保険者別）に見ても都道府県別に見ても、かなり開きのある介護保険料を全国的になるべく低い方に足並みがそろうようにするには、何か方策があるのかという視点から、都道府県別の要介護認定割合と介護保険料に、どのような要因が関連しているのか、そこから調査を行いました1）。

　私たちが分析をしたのは2003年に厚生労働省が発表していた基礎データです。この当時すでに、要介護認定の割

16

第1章 仕事がくれる、健康パワー

合は、最も少ない茨城県の11.5%に対して、トップは沖縄県の19.5%と1.7倍の較差があり、介護保険料も茨城県の2,156円に対して、沖縄県の4,528円と1.7倍の開きがありました。

ちなみに現在の最新データでは、要介護認定割合の最も少ないのは埼玉県で14.1%、トップは和歌山県の22.1%で約1.6倍の較差があり、介護保険料も埼玉は4,835円に対して和歌山は6,243円で大きな開きがあります。この差はどこから生じるのでしょうか?

■病院や診療所の数
■働き続けている人の割合などが影響

要介護状況(要介護認定割合と介護保険料の状況)に最も大きく影響していたのは「医療施設と機能」の差でした。医療施設の多い地域の方が要介護状況が高く、高齢者の有業率と自宅死亡割合が高い方が要介護状況が低いことが分かりました。この関係を図にすると、次頁の図1のようになります。

この結果から「要介護状況」は高齢者の有業割合から、直接的というよりも間接的に抑制されることが見えてきました。働いていると、「病院に行かないで美容院に行く」ことと連動していると思われます。

17

図1
「要介護状況（要介護認定割合と介護保険料）
を規定する因子の構造

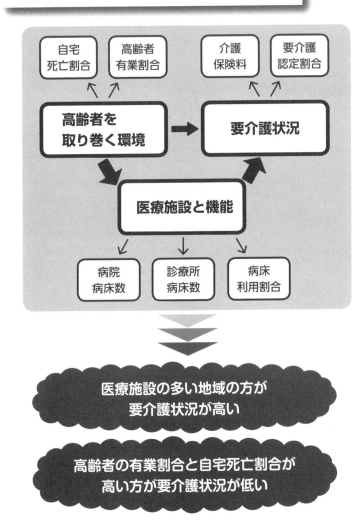

第 1 章　仕事がくれる、健康パワー

みんなで元気に働き続けよう!!

保健師の数が 多いほど	▶	働き続ける 高齢者が多く	▶	要介護率の 上昇を抑制 できる

その健康を
サポートする
保健師

働き続ける
高齢男性

育ち続ける
要介護割合

その健康を
サポートする
保健師

働き続ける
高齢女性

ますます
大きく育とうとする
要介護率

大きなカブもみんなで元気に
続けていれば、引っこ抜けるはず

3. 保健師が多い地域の方が
働き続ける人が多い

■ 働く高齢者をサポートする
■ 保健師の力も大きい

　繰り返しになりますが、「医療施設や機能」が多い地域の方が要介護状況は高く、「高齢者の有業率や自宅死亡割合」が高い地域の方が要介護状況が低いということが、前述の調査で分かったわけです。

　では、市町村や地域包括支援センターにおいて介護予防マネジメントの中心的役割を担っている保健師の存在と、この傾向がどう関連しているのでしょうか？　私たちは次にこれをテーマにした調査を行いました[2]。

　ここで分かったのが、人口当たりで見た市町村と都道府県で採用されている保健師数が多い県では、高齢者有業割合が高まり、結果的に要介護認定割合や介護保険料を低下させている可能性があるということです。また、保健師の数が多いほど介護保険料が低く抑えられているという直接的な関係も見られました。

　つまり、調査結果をまとめれば、冒頭に紹介した上勝町のケースのように、創意工夫のもとに、高齢になっても働き続けることができる場と機会を、官・民・産・学界相互の連携づくりをしながら、働く高齢者の健康寿命を高める支援ができる保健師の数を確保していくことが、都道府県

第1章 仕事がくれる、健康パワー

別要介護割合の較差を縮めるための大きな手段になるということ。これがエビデンスとして示されたと言えるでしょう。

4. 生産年齢人口がさらに減る今後に向けて

■働き手となる人口が減るこれからの日本
■高齢者の就業に期待が

これまでに主要な結論を2つご紹介してきました。一つは、病院や診療所の病床数が多く、その利用割合が多いほど、要介護状況が高まること。そしてもう一つは、保健師の数が多いほど、高齢者の就業率が高くなり、結果的に要介護率も介護保険料も少なく抑えられる可能性が見えてきたことです。

今や今後の生産年齢人口の減少に伴い、知識と経験を生かした高齢者の雇用は必然的な課題といわれています。しかも、高齢になっても働き続けることが健康寿命につながる可能性が報告されています。実際に、高齢者有業割合と要介護認定割合との関連を実証する研究では、島根県市町村別健康寿命の地域較差において、男性の農業従事者の割合が多い自治体ほど健康寿命が長いという結果が出ています[3]。仕事を続けることのできる環境があれば、目的意識や生きがいを持ち続け、結果的に要介護状態になることを予防できる可能性が強く示された報告です[4]。

21

参考文献

1) 栗盛須雅子、渡部月子、星旦二：「都道府県別要介護認定割合の較差と関連する要因の総合解析」『厚生の指標』56: 22-28 (2009)

2) 渡部月子、高嶋伸子、星旦二：「都道府県別要介護認定割合の較差と保健師活動との関連」『社会医学研究』27(1): 1-8 (2009)

3) 藤谷朋子、糸川浩司、角橋ヤス子ほか：「島根県における健康寿命（平均自立期間）の地域較差に関する研究」島根県保健福祉環境研究発表会 (2002)

4) 高燕、星旦二、中村立子：「都市部青壮年助成の就業状態における生活満足感の規定要因に関する研究」『社会医学研究』25: 29-35 (2007)

協力／株式会社いろどり

徳島県勝浦郡上勝町福原字平間 71-5

TEL：0885-46-0166

FAX：0885-46-0577

http://www.irodori.co.jp/

葉っぱ商品の紹介や出荷情報から、上勝町視察の情報、地域活性化を学ぶ「いろどりセミナー」の情報などがチェックできます。

第1章　仕事がくれる、健康パワー

介護保険料　平成 27 年 4 月現在
＜高いトップ 10 と低いボトム 10 ＞

全国平均　5,514.34 円

＜高いトップ10 ＞			＜低いボトム10 ＞		
1	沖縄県	6,267 円	1	埼玉県	4,835 円
2	和歌山県	6,243 円	2	千葉県	4,958 円
3	青森県	6,175 円	3	栃木県	4,988 円
4	鳥取県	6,144 円	4	静岡県	5,124 円
5	秋田県	6,078 円	5	北海道	5,134 円
6	石川県	6,063 円	6	愛知県	5,191 円
7	大阪府	6,025 円	7	茨城県	5,204 円
8	愛媛県	5,999 円	8	奈良県	5,231 円
9	富山県	5,975 円	9	山口県	5,331 円
10	新潟県	5,956 円	10	山梨県	5,371 円

出典：第 6 期計画期間及び平成 37 年度等における介護保険の第 1 号保険料について（厚生労働省）より作成

高齢者有業割合
＜高いトップ 10 と低いボトム 10 ＞

全国平均　21.29%

＜高いトップ10 ＞			＜低いボトム10 ＞		
1	長野県	27.78 %	1	沖縄県	15.29 %
2	山梨県	26.43 %	2	北海道	17.42 %
3	東京都	24.82 %	3	秋田県	17.77 %
4	静岡県	24.48 %	4	福岡県	17.77 %
5	島根県	24.14 %	5	奈良県	18.03 %
6	福井県	24.08 %	6	兵庫県	18.27 %
7	富山県	23.38 %	7	長崎県	18.52 %
8	岐阜県	23.30 %	8	宮城県	18.60 %
9	群馬県	22.71 %	9	愛媛県	19.17 %
10	三重県	22.58 %	10	大阪府	19.80 %

出典：平成 24 年就業構造基本調査（厚生労働省）より作成

※小数点第 3 位以下を四捨五入して算出。＜低いボトム 10 ＞
の秋田県と福岡県が同数となっているのは四捨五入によ
るもので、実数では秋田県の方が低い割合になっている。

第1章　仕事がくれる、健康パワー

後期高齢者1人当たりの医療費
＜多いトップ10と少ないボトム10＞

全国平均　91.5万円

＜多いトップ10＞			＜少ないボトム10＞		
1	福岡県	116.5万円	1	新潟県	73.8万円
2	高知県	111.3万円	2	岩手県	75.2万円
3	北海道	108.1万円	3	静岡県	77.9万円
4	長崎県	106.7万円	4	千葉県	78.2万円
5	広島県	104.8万円	5	長野県	78.9万円
6	佐賀県	104.3万円	6	山形県	79.4万円
7	大阪府	104.2万円	7	秋田県	79.5万円
8	鹿児島県	102.8万円	8	青森県	80.0万円
9	山口県	101.8万円	9	三重県	80.6万円
10	沖縄県	101.7万円	10	栃木県	81.1万円

出典：平成25年度医療費の地域差分析（厚生労働省）より作成

第1ステージは現役時代。
引退して第2ステージに移ったら、短時間労働になり、
徐々に第3ステージのボランティアや
趣味・生涯学習時代へ。
それも負担になってきたら、
近所や友達付き合い中心の
第4ステージへ。
最後の第5ステージは、
デイサービス型の社会参加へ。

年齢とともに、活躍の舞台を変えよう!

第1章　仕事がくれる、健康パワー

東京都健康長寿医療センター研究所

研究部長　藤原 佳典

報酬目的の労働から
報酬より役割を果たす仕事まで、
年とともに「仕事の」
意味も変わるよネ

1.「仕事」の意味も「健康」の意味も
　　　　　年とともに変わってくる

■「一病息災」でいい。
■生活機能が自立していれば健康

　健康＝病気じゃない。若い時はそう思って過ごしてきて
も、年をとってくると、健康の意味も違ってきます。血圧
の薬だけは飲んでいるなど、高齢者の約60％はなんらか
の通院治療を受けており[1]、「一病息災」でこの状態を維
持しながら、要介護にならずにQOLを維持することが「健
康」と誰もが感ずるようになってきます。

　WHO（世界保健機関）も高齢者の健康について、1984
年に「生活機能の自立をもって定義する」[2]と明言して
います。また、生活機能についてさらに2001年には「国
際生活機能分類（ICF）」という概念（図1）を示し、「生
活機能」は心身の状態だけではなく、日常生活の活動レベ
ルや社会参加レベルが相互に作用し合って保たれる。「た
とえ障害等があっても、その人を支える［環境］が整い、［社
会参加］が可能になれば、人々の活動性は向上し、健康状
態も改善し得る」と提言しています。病気や障害があって
も、周囲のサポートで「生活のしにくさ」が改善されれば、
社会参加ができ、健康が維持できると捉えているのです。

28

図1
ICF の構成要素間の相互作用

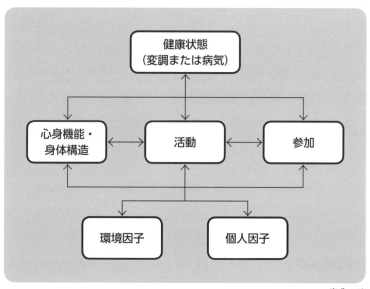

出典：3)

■■交通事故の後遺症があっても
■■健康的に暮らし、働いているＡさん

　例えば、長年、地元の町工場で精密機器を製作してきた
Ａさん（66）は交通事故の後遺症と加齢現象から長時間の
立ち仕事が不自由になりました。Ａさんの高い技術を評価
する社長からは慰留されたものの、やはりＡさんは退職。
退職後は家に閉じこもりがちになりました。

　ある時、社長から、「立位をアシストできる椅子を購入
したので、週３日でいいので、後輩の指導に戻ってきてく
れないか」と電話がありました。久々に、工場へ出勤すると、
照明までも新調されて、老眼がひどくなったＡさんにとっ
て、快適に仕事に復帰できるように環境が整備されていた
のです。Ａさんはさらに、出勤しない日は、同じく退職し
た元同僚らとシルバー人材センターに登録して、工場に隣
接する小学校の児童の登下校の見守りを行っています。

　このＡさんの例からも分かるように、本人の問題だけ
ではなく、本人を支える周囲の配慮（＝社長のアイデア）
や環境（椅子や照明の新調）・システム（シルバー人材セ
ンター）が整うことで、さまざまな社会参加が可能となり
ます。これにより、本人の健康状態が向上するだけでなく、
職場においては技術伝承、子どもへの地域貢献、さらには、
奥さんもＡさんに気がねなくサークルやボランティア活
動に参加できると、「三方良し」いや「四方良し」の効果
を生み出している可能性があります。

第1章　仕事がくれる、健康パワー

■肉体の老化に合わせながら、
■できる仕事とボランティアを両立するBさん

　もう1つ、環境と活動内容を加齢とともに上手に調整しながら、仕事を楽しんでいる例を紹介しましょう。

　私たちは小学校や幼稚園・保育園などで絵本の読み聞かせを行う「りぷりんと」というシニアボランティアのプロジェクトを12年前から展開しています。

　そのボランティアの一人、元広告代理店の猛烈営業マンだった男性は、68歳からこの活動に参加。締切に追われて走り回っていた現役時代とは180度異なる週2、3日のボランティアがとても楽しいと言い、ほとんどのめり込んでくれているのですが、ゴルフや旅行もかなり我慢の年金暮らしには、ボランティアのための交通費やスキルアップ研修の費用にも負担感が。そこでシルバー人材センターに登録して、自転車整理の仕事を始めました。

　ところが脊柱管狭窄症になり、肉体仕事が困難に。とはいえ、できるだけ今の充実した生活を続けたいので、シルバー人材センターに再度相談して、土休日の小学校の管理の作業に変わりました。おかげで、控室では、読み聞かせの練習という準備もできて、お小遣いももらえるよ。と彼は、喜んでいます。10年間も元気にボランティアを続ける秘訣には、有償・無償であれシームレスに社会参加活動をスライドしている柔軟性にあるのではないでしょうか。

■実際に高齢者の約8割は
■社会の一員として自立している

　図2は、生活機能から見た高齢者の健康度の分布割合と、社会参加の形態の推移をグラフ化したものです。前述のAさんやBさん、皆さんの周囲にいる多くの高齢者の方々は、この中で60％を占める「典型的な高齢者」に入っているのではないでしょうか。

　大半の方は若い時ほど無理はきかないけれども、多様な人間関係を営みながら、生活機能（健康度）に応じた社会参加と社会貢献を継続し、活力ある自立生活を送っていると考えられます。このような方々に、さらに健康に「恵まれた高齢者」（よりアクティブに活動できる人々）を加えれば、約8割の高齢者は自立して生活しているのです。

　高齢者介護は大きな社会のテーマではありますが、その主な対象は「寝たきり」や「認知症」といった自立困難な高齢者です。高齢者イコール、心身機能が低下し、要介護状態で、イコール悲惨といった過度なイメージをマスコミなどが流布するあまり、高齢者自身も中には、高齢になる、イコール悲惨という負のイメージで捉えてしまう人がいます。その負のイメージが社会の活力を奪うことの方が心配です。

第1章　仕事がくれる、健康パワー

図2
生活機能から見た高齢者の健康度の分布割合と
社会参加の形態推移

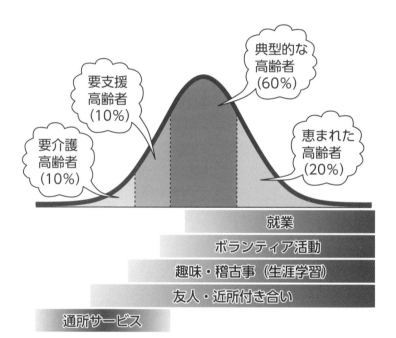

出典：4）より作成

2. 高齢者の活動能力は、
　　　　3つの生活機能から判断される

■人の手を借りずに
■ひとり暮らしができるか？

　さて、高齢者の健康度を決める"生活機能"というと、要介護認定に用いられる「基本的日常生活動作能力（Basic Activities of Daily Living = BADL）」評価を思い浮かべるかもしれません。しかしこれは移動、更衣、排泄、摂食、入浴といった身の回りのことが自分でできるかをチェックする、生活機能というよりは動作能力を見るものです。

　前述した通り、大半の高齢者は健常であり、これらBADLはほとんど維持されています。そこで基本的日常動作はできても、社会生活も自立して営めているかどうか、そのレベルはどの程度かを見るのが、表1の『老研式活動能力指標』です。3つの生活機能から活動能力を測る13の質問で構成されています。

　1〜5番の質問は、公共機関の利用、日用品の買い物、調理・家事、金銭管理、服薬管理といった日常的な社会生活の自立能力、「手段的日常生活動作能力（instrumental activities of daily living = IADL）」を見ています。人の手を借りずにひとり暮らしをするために最低限必要な能力のことです。

34

第 1 章　仕事がくれる、健康パワー

表 1
老研式活動能力指標

手段的自立	01. バスや電車を使って一人で外出できますか？
	02. 日用品の買い物ができますか？
	03. 自分で食事の用意ができますか？
	04. 請求書の支払いができますか？
	05. 銀行預金・郵便貯金の出し入れができますか？

知的能動性	06. 年金などの書類が書けますか？
	07. 新聞を読んでいますか？
	08. 本や雑誌を読んでいますか？
	09. 健康についての記事や番組に関心がありますか？

社会的役割	10. 友だちの家を訪ねることがありますか？
	11. 家族や友だちの相談にのることがありますか？
	12. 病人を見舞うことができますか？
	13. 若い人に自分から話しかけることがありますか？

出典：5)

■余暇や創作活動など
■積極的な知的活動を楽しめるか？

　次の6〜9番はIADLよりさらに上位の能力を見る質問
です。日常生活を積極的にやりくりしたり、楽しんだりす
るための知的活動能力（知的能動性）をみています。日々
の中で社会のニュースに興味を持ったり、自分の関心の
ある本を読んだりと、自分で自分の欲しい情報を選んで
キャッチする能力を維持していないと、知らず知らずのう
ちに365日マンネリで刺激のない日々に陥り、心身の老化
を促進するもとにもなってしまいます。

■地域等で社会的な役割を
■持ち続けて暮らせるか？

　終わりの10〜13番の質問が、人とのつながり（ソーシャ
ルネットワーク）を重視し、地域で社会的な役割を持ち続
ける能力（社会的役割）を測るものです。集団や組織に所
属し、そこで何らかの社会的地位を得て、その地位にふさ
わしい行動と役割を期待されながら人生を過ごす、これが
多くの人の共通した齢の重ね方で、その役割を果たすこと
が社会貢献につながります。

　しかし高齢になると、引退と同時に職業上の地位や肩書
きを喪失し、子どもが独立したり配偶者の死に見舞われた
りして、家族の役割も喪失、社会的役割が減り、それを機

36

第1章　仕事がくれる、健康パワー

に元気を失う人も少なくありません。今までの役割を喪失したときに、家族より開かれた地域や社会に向けて社会的役割を変化させていけるかどうかが大きな分かれ目です。高齢になってからの社会的役割こそ、人生で最も高いレベルの生活機能になるのではないでしょうか。11〜13番のような能力を持ち続けているかどうか、高齢者自身が自ら頻繁に自己チェックしながら、人とのつながりを保つことが高齢者の健康にとっては非常に重要なカギ。この10〜13番の質問で見ているのは、自らのみでなく他者をサポートする力があるかないかということです。

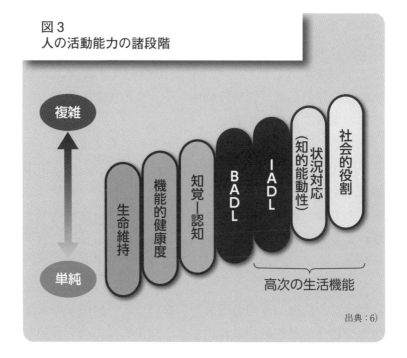

図3
人の活動能力の諸段階

出典：6)

■生活機能は
■「社会的役割」から低下し始める

　『老研式活動能力指標』は、地域の健康調査などに長年、広く活用されてきたチェックリスト（評価尺度）です。開発の基になっているのが、図3で示したアメリカの老年学者ロートンが1972年に区分した、高齢者の生活機能に関する7つの階層モデルです6)。生命維持という最も基本的な機能から、順々に複雑な機能に階層が上っていき、ちょうど真ん中に、BADL（基本的日常生活動作能力）があります。歩行や着替え、トイレなど身の回りのことがひとりでできるかの基準で、その次の階層がIADL（手段的日常生活動作能力）、つまり、ひとり暮らしをするためのさまざまな機能です。BADLやIADLの機能を保って、人はその次の知的活動（知的能動性）や社会的役割を生活の中心に据えることができます。

　そして、都市部および農村部、両方の自立高齢者を6～8年間追跡した調査7)から分かったことは、人の生活機能は上から落ちていくということ。多少の性差や地域差はあるものの、図4でもわかるように、最も高い生活機能とされている「社会的役割」がほかの機能よりも早期に低下し始め、次々とその下の階層にある機能が低下していくことが判明しています8)。

　反対に、社会的役割の喪失が少ないほど、周囲との人間関係や社会活動が維持されやすく、結果的に自己を肯定す

る気持ちが保たれて主観的幸福感が高いまま暮らすことができることもわかりました。

「生涯現役」が健康に良いという研究結果の大半も、この理論から説明することができます。

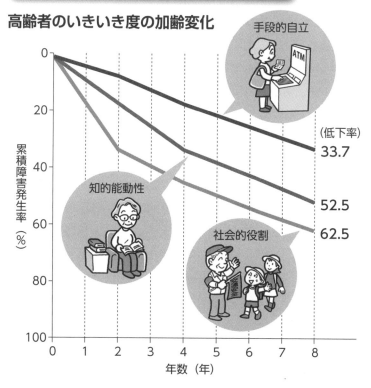

図4
老研式活動能力指標の加齢変化

（東京都Ａ市の高齢者を対象）　　　　　　　　　　出典：8)

3. 現役から引退したら
「社会貢献」に意識を向けよう

■ 有償労働、無償労働、ボランティア
■ どれも社会貢献のかたち

　現役時代に担っていた仕事の多くを若い世代に譲った世代には、またその世代なりの社会的役割があります。これに気付かず、活動の場を移行させず、ただ喪失の寂しさを抱えていると、高次の生活機能から段々に活動能力を失っていくことになります。

　もちろん、引退後の社会的役割といってもいろいろです。働く時間や責任範囲などを縮めながらも報酬を得て、それなりの仕事を続ける人。私は、記憶力の低下に悩むMCI（軽度認知機能障害）の80歳の男性患者さんの主治医を務めています。彼は、自身が創設した町工場を数年前に息子さんに譲りました。経営全般は息子さんである若社長が切り盛りしていますが、冠婚葬祭やあいさつ回りは彼の役割です。また、毎朝、若い社員へ向けての激励のスピーチも欠かせません。対外的なお付き合いや、朝礼を通しての自社精神の継承といった役割こそが、多忙な若社長を補佐する先代社長の重要な務めだと思います。本来MCIの人は認知症へ至るリスクが高いのですが、5年間、物忘れ検査の成績は維持されています。彼は、手帳やカレンダーを駆使しながらも仕事を続けることが記憶力を保つのに役立って

40

第1章　仕事がくれる、健康パワー

いるのだと確信しています。

　また、無償労働としての家事や介護、孫の面倒などを見ている人、さらに、これからは人のため、社会に役立つためという気持ちでボランティアの仕事を受け持ち、結果的にそれが生きがいになっている人もたくさんいます。アメリカの老年学では高齢世代ならではの、これらの仕事や活動能力を高齢者の生産的な能力としてProductivity（プロダクティビティ）と呼んでいますが、わが国では経済的生産性を強調するこの言い方より、「社会貢献」と呼ぶ方がなじみやすいでしょう。

　ところが、核家族化しコミュニティの分断・崩壊、過剰なまでのプライバシー保護の風潮が進む現在では、高齢者がちょっとした社会貢献をしようにも「あなたは何者？　どういう役目？」といった警戒心を解くことから始めなければなりません。今やご近所同士での、なにげない気配りや自然発生的な助け合いを期待することは困難かもしれません。高齢者に「○○員」とか「○○ボランティア」といった肩書や役職を持ってもらい、社会貢献できる環境やシステムの整備が必要であると考えられます。

41

■ 年齢と健康度の変化につれて
■ 社会貢献のかたちが変わる

　一方、高齢期になると、健康度の個人差も年々大きくなってくるため、個々人の健康度に合わせた社会貢献のかたちを考慮する必要があります。前述の図2にも、健康度から見た社会参加の形態推移を示しています。

　生活機能が極めて高く、健康度の最も高い高齢者は、収入だけでなく責任も伴う有償労働が可能ですが、その負担が重くなってきたり、機会が減ってくると、多くの人がボランティア・NPO活動や趣味・稽古事などに移行してゆきます。それも荷が重いという状態になれば、友人や近所付き合いなど私的な交流といった、無理をせずにすむような社会参加のかたちに移ります。最後が要支援・要介護といった健康度が低下した人々のデイサービスや福祉サービスへの参加型交流です。

■ 一枚一枚身軽に
■ シームレスな移行が大切

　このような5つの社会参加のステージは単一ではなく、例えば、前述のAさんのように週3日働き、残りの2日はボランティアと稽古事に励み、週末は友人と私的な交流を楽しむといったように重層的に変化していくのが自然です。より平易な社会参加活動へと一枚一枚、鎧を脱ぎ身軽

第1章　仕事がくれる、健康パワー

になるように、徐々にシームレスに移行していくことが望まれます。逆に言うと、単一の社会参加のみにこだわり、シームレスな移行に失敗すると、その後の閉じこもりや孤立につながりかねません。例えば、仕事一途な人が退職後に孤立し、閉じこもってしまうケースがこれに当たるでしょう。

　ただ、次の社会参加活動の機会を的確に探索し、主体的に移行できる高齢者はそう多くはありません。社会参加・社会貢献を推進するためには多様な生活背景を持つ高齢者に対して、個々人に見合うように熟慮された社会参加と社会貢献支援のシステムが必要です。

43

4. 日本人の生きがいは、
やはり仕事があってこそ

■ 就学、起業、ボランティア、NPO
■ すべて生きがいに通じる "仕事"

　さて、団塊世代の高齢化に伴い、この数年は高齢世代の
ボランティア活動に関するニュースがマスコミをにぎわし
ています。広辞苑によるとボランティアとは「Volunteer
（義勇兵）志願者。奉仕者。自ら進んで社会事業などに無
償で参加する人」のこと。社会通念上は慈善や奉仕の心、
自己実現、相互扶助、互酬性といった動機に裏付けられた
行動と言えます。

　また、高齢者自身にとっては、生きがいづくりや社会的
サポート・ネットワークづくりに通じるものです。アメリ
カにおいても、わが国においても、厳密なボランティアの
定義付けはなされていませんが、ここでは「グループ活動
を通じて行われるプログラム化された奉仕活動」と定義し
ておきます。プログラムによってどの程度の心身・社会的
な活動性が高まるか、地域がどう変化していくのかなど、
まだまだ科学的に実証していくことが必要です。

　とはいえ、社会貢献活動は実践活動です。社会貢献活動
に対して多様なニーズを持つ住民への普及啓発を進めるた
めには、より多様なプログラムを具体的に提示していくこ
とが重要です。　折りしも、国を挙げての高齢者の就業・

図 5
日本型生きがいの育ち方

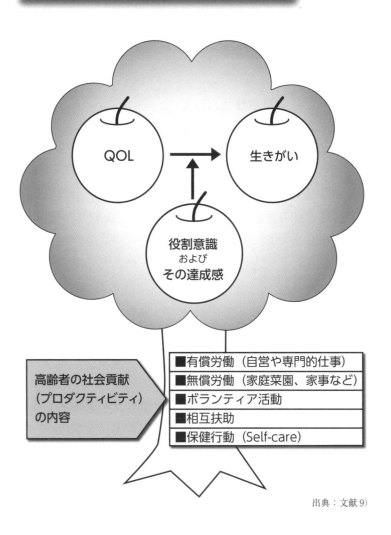

出典：文献 9)

起業支援やボランティア・NPO活動の勧奨により、アイデアが豊富で魅力的な取り組みが近年、多数紹介されています。私たち研究者や行政などの実務者は、これら新たな地域のリソースと協働しながら小規模でも、より多くの社会貢献プログラムを開発・評価していくことが望まれます。

■ QOLに社会貢献が加わって
■ 日本人は生きがいを感じるのでは

　老年学の流れの中で、いち早く「これからの研究はQOL（生活の質）の研究からProductivity（社会貢献）の研究に舵を切り直していくべきである」と強調した柴田[10]は、欧米社会ではQOLと社会貢献が一つに融合せず、おのおの独立した概念として扱われてきたことに関心を抱いていました。

　一方、日本人にとって高齢期の「生きがい」は、図5のようになるのではないでしょうか。QOLに役割意識や達成感が加わると、日本型「生きがい」になると考えられます。そして、この役割意識や達成感に生涯現役で仕事することから得る分が含まれていても、誰も違和感を覚えません。生涯現役で有償労働を続けることも、社会貢献の一つとして認めているからです。「QOL」＋「社会貢献」＝「生きがい」と、一つに捉えられるのが日本人なのです。

　ではなぜ、欧米社会では「QOL」と「社会貢献」が融合せずに、別々の概念として扱われているのでしょうか。柴

46

第1章　仕事がくれる、健康パワー

田の仮説によると、Productivity（社会貢献）に有償労働が含まれているからではないかと説明されています。

　「欧米人の文化は罪の文化であり、日本文化は恥の文化である」有名な名言があります。ここでいう「罪」は旧約聖書の創世記における原罪のことです。旧約聖書はユダヤ教、キリスト教、イスラム教のいずれの宗派の原理にも範となる教典であり、旧約聖書の影響を受けた文化の中には、有償労働は人生の苦役あるいは必要悪であり、本当の幸せは休息や祈りの中にあるという基本認識が内在しているのではないでしょうか。

　これと反対に、旧約聖書の影響を受けていないアジアやアフリカの文化には、有償労働に罪や罪悪をイメージする烙印を感じることはありません。仕事の中に遊びや休息があっても、何の不思議もないのです。欧米人が日本人をワーカホリックと感ずるのは、物理的に仕事時間が多いということではなく、有償労働に生きがいを見いだすメンタリティに対する印象や感想であることは銘記しておく必要があると柴田は述べています[11]。

　就業を高齢者の社会貢献の一つの柱と位置付けることは、とりわけ、わが国をはじめとするアジア諸国における高齢者施策を論じる上で必要不可欠と考えられます。

47

参考文献

1）厚生労働省：平成 25 年国民生活基礎調査 (2014)

2）World Health Organization: The Use of Epidemiology in the Study of the Elderly: Report of a WHO Science Group on the Epidemiology of Aging. *WHO Technical Report Series* 706 (1984)

3）厚生労働省：「国際生活機能分類－国際障害分類改訂版－」（日本語版）の厚生労働省ホームページ掲載について (2002) http://www.mhlw.go.jp/houdou/2002/08/h0805-1.html

4）藤原佳典：「高齢者のシームレスな社会参加と世代間交流：ライフコースに応じた重層的な支援とは」『日本世代間交流学会誌』4(1): 17-23 (2014)

5）古谷野亘、柴田博、中里克治ほか：「地域老人における活動能力の測定：老研式活動能力指標の開発」『日本公衆衛生雑誌』34: 109-114 (1987)

6）Lawton MP: Assessing the Competence of Older People. Kent DP, Kastenbaum R, Sherwood S (eds.) *Research, Planning, and Action for Elderly: the Power and Potential of Social Science*. New York: Behavioral Publications, pp. 122-143 (1972)

7）Suzuki T, Shibata H: An Introduction of the Tokyo Metropolitan Institute of Gerontology Longitudinal Interdisciplinary Study on Aging (TMIG-LISA, 1991–2001). *Geriatrics & Gerontology International* 3(s1): S1-S4 (2003)

8）Fujiwara Y, Shinkai S, Watanabe S, et al.: Longitudinal

第 1 章　仕事がくれる、健康パワー

Changes in Higher-level Functional Capacity of an Older Population Living in a Japanese Urban Community. *Archives of Gerontology and Geriatrics* 36: 141-153 (2003)

9）生活・福祉環境づくり 21、日本応用老年学会：『ジェロントロジー入門』社会保険出版社 (2013)

10）Shibata H: Editorial. From Quality of Life to Productivity. Shibata H, Suzuki T, Shimonaka Y (eds.) *Longitudinal Interdisciplinary Study on Aging*. Paris: Serdi Publisher, p. 5 (1997).

11）柴田博：「仕事は生きがいであるべきか否か」『選択』39(1): 92-93 (2013)

49

高齢になったからといって、
誰も自ら好んで病気になったり、
介護状態になる人はいません。
それを防ごうと運動したり、
食生活に気をつけたり、
介護予防教室に通ったりしているはずです。
それも大切です。
しかしもう一つ、働いている方が、
医療費も介護費もかからなくてすむことがわかりました。
これは社会全体がとても助かる朗報です。

働き続けることが社会を助ける

第1章　仕事がくれる、健康パワー

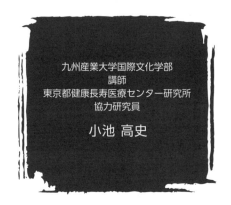

九州産業大学国際文化学部
講師
東京都健康長寿医療センター研究所
協力研究員

小池 高史

がんばって元気で働いていると、将来の社会保障費の抑制にもなりそうだね

51

1. 高齢者の就業が
　　　　　社会保障費抑制のカギ

はじめに

　いつまでも元気に働き続けることは、本人の生きがいや健康維持の助けになるだけではありません。社会全体にとっても大きな助けになるのです。なぜなら、働き続けている高齢者の方が、その人自身にかかる医療費や介護費が少なくてすむことが分かったからです。

■社会保障費の増加は
■社会の課題

　少子高齢化の進む日本では、年金や医療、介護にかかる社会保障費の増加が大きな社会問題となっています。

　2000 年に 78 兆円だった社会保障費は、2011 年には 108兆円に増加し、対 GDP 比も 15.5% から 22.3% に増加しています。2011 年における社会保障費の内訳は、年金 54 兆円、医療 34 兆円、福祉その他が 21 兆円（うち介護が 8 兆円）です。2012 年に内閣府が発表した将来推計では、2025 年になると年金 60 兆円、医療 54 兆円、福祉その他が 34 兆円（うち介護が 20 兆円）の総計 148 兆円（対 GDP 比 24.4%）となることが予想されており、今後も、特に医療費や介護費の大幅な増加が危惧されています（図 1）。

　社会保障費の増大に対応するためには、生活に直結する

52

第1章 仕事がくれる、健康パワー

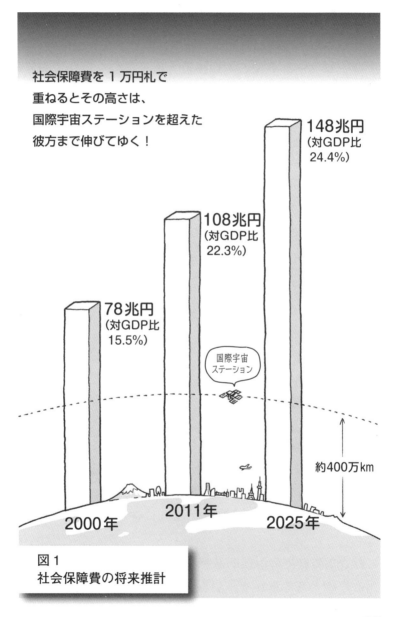

図1
社会保障費の将来推計

消費税の増税も、避けて通れないといわれています。

　そもそも日本の社会保障制度は、若い人が多く高齢者が少ないピラミッド型の人口構造を前提につくられており、多くの若者で高齢者の生活を支えることで成り立ってきました。

　15歳から64歳のいわゆる「生産年齢人口」と高齢者人口の対比は、1950年には12対1、つまり12人で1人の高齢者を支えていることになっていました。それが現在ではおおよそ2対1、2人で1人を支える社会になっており、2050年ごろにはさらに、その対比が1対1になることが予想されています。今後、社会保障制度をどう維持していくかということが大きな課題となっていますが、その中で、期待を寄せられていることの一つが、高齢者の就業です（図2）。

■2つの面から期待されている ■高齢者の就業

　高年齢者雇用開発協会が厚生労働省の委託を受けて実施した「65歳までの継続雇用が医療政策その他の社会保障政策に与える影響に関する調査研究」の報告書（2003）には、高齢者雇用の進展について次のように書かれています。

　社会保障制度の財政的基盤を健全化していくことに寄与するものと考えられる。この点は、更に二つの観点から考

第1章　仕事がくれる、健康パワー

図2
若者と高齢者の人口比におけるバランスイメージ

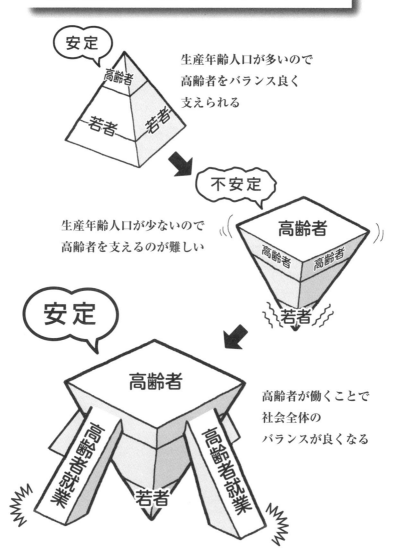

えることができる。ひとつは、負担者（被保険者）の増大
であり、それによって財政状況の好転に寄与することが期
待できる。他方は、給付を抑制するという角度からの期待
である。年金の場合には受給開始年齢以降まで働き続ける
可能性が高まること、医療保険の場合には働くことによっ
て健康が維持されていく可能性が高まること、同じように
介護の予防効果が表われることなど、プラス面での貢献を
考えていくことができよう（高年齢者雇用開発協会　2003,
pp68-69）。

　高齢者の就業は２つの面から期待されているのです。一
つは、生産年齢人口が減少する中、高齢者が働き手となる
ことで社会保険料を納める社会保障の担い手として居続け
てもらえるということです。
　もう一つは、高齢者が働き続けることで、健康を維持し、
医療費や介護費の支出が抑えられるのではないかという期
待です（図3）。
　次項からは後者の期待、高齢者が働き続けることで、健
康を維持し、医療費や介護費の支出が抑えられるというこ
とが実際に生じているのかどうかを検証してみたいと思い
ます。

第1章 仕事がくれる、健康パワー

図3
高齢者就業が社会保障費を支える

57

2. 就業が社会保障費に与える影響

■ 現在の就業状況と
■ 医療費・介護費

　高齢者の就業の状況は医療費や介護費とどのように関係しているのでしょうか。図4は、就業状況で区分したときの、分析対象者1人当たりの3年間の平均額を算出した結果です。

　結論から述べますと、働いている高齢者は働いていない高齢者よりも医療費や介護費がかかっていないことが分かります。またその額は、短時間働いている人よりも長時間働いている人の方がより低く抑えられています。3年間の平均額は、週に35時間以上働いている人で83万6,710円、週に35時間未満働いている人で109万1,089円、働いていない人で177万9,211円でした。無就業の人と週35時間以上の就業者の差額は、100万円近い金額になっていました。

　なお、週に35時間以上働いている人の在宅介護費と施設介護費の平均額は0円でした。これはつまり、週に35時間以上働いている人の中には介護保険の介護給付を受けていた人がいなかったということです。少額のため図からは読み取れませんが、週に35時間未満働いている人では、在宅介護費の平均額が1万4,895円、施設介護費の平均額が4,733円と多少かかっています。おそらく今、働いている人は施設に入所していないでしょうが、この結果が示しているのはある時点まで働いていた人がその後の3年間で

第1章 仕事がくれる、健康パワー

図4 高齢者の就業状況と医療・介護費
〈1週間の労働時間と医療・介護費〉

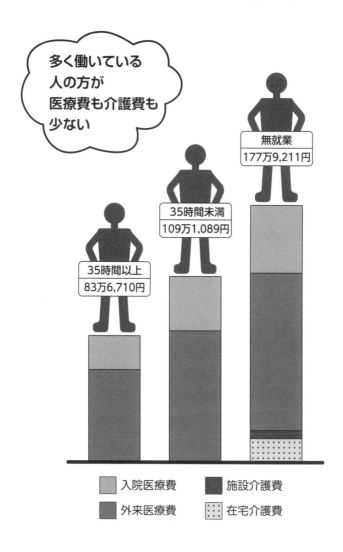

施設に入所したか、しなかったかということです。

　無就業の人の平均額は、在宅介護費が17万643円、施設介護費が4万7,631円となっています。介護保険の介護給付費がかかっているのは、ほぼ現在働いていない高齢者に対してだということが分かります。

　また、就業状況によらず、最も多くかかっている区分は外来医療費ですが、週に35時間以上働いている人が55万2,407円、週に35時間未満働いている人が74万5,294円、働いていない人が107万9,612円であり、働いていない人は週に35時間以上働いている人の2倍程度かかっていることになります。

　最後に入院医療費は、週に35時間以上働いている人が28万4,302円、週に35時間未満働いている人が32万6,166円、働いていない人が48万1,325円でした。

■健康でも
■無就業だと出費が大きくなる

　ところでこの結果に対して、次のような疑問を持たれる人も多いのではないでしょうか。「そもそも高齢者で働ける人は、働けない人よりも健康で、病院に行ったり、介護サービスを利用することも少ないはずだ。だから、その後の医療費・介護費が少なくなるのも当然で、それは就業していること自体が影響しているのではないのではないか」という疑問です。

60

第1章 仕事がくれる、健康パワー

図5 高齢者の就業状況と医療・介護費
（老研式活動能力指標で満点の人のみ）
〈1週間の労働時間と医療・介護費〉

そこで、分析対象者のうち老研式活動能力指標で満点
だった人（生活機能の低下がなく、元気な人）のみを対象
にして、就業状況で区分したときの 1 人当たりの 3 年間の
平均額を算出したのが図 5 です。老研式活動能力指標は、
高齢者の生活機能を測るための指標であり、満点に該当す
る人はおおむね自立した生活を送れていると考えられ、健
康度との関連性も高い指標です。

　老研式活動能力指標で満点だった人だけに限ってみて
も、働いている高齢者は働いていない高齢者よりも医療
費や介護費がかかっていないことが分かります。またその
額は、短時間働いている人よりも長時間働いている人の方
がより低く抑えられています。3 年間の平均額は、週に 35
時間以上働いている人で 67 万 6,706 円、週に 35 時間未満
働いている人で 106 万 3,843 円、働いていない人で 129 万
7,483 円でした。無就業者と週 35 時間以上就業者の差は約
62 万円で、やはり全対象者の平均額よりも全体的に差は
縮小します。特に短時間働いている人と無就業者の差は小
さくなりました。

　それでも、就業状況が介護費・医療費と関連するのは、
元々の健康状態のみによるのではなく、働いていること自
体がその抑制につながっていると言えそうです。

第1章　仕事がくれる、健康パワー

データについて

　2008〜2009年に首都圏A市に暮らす高齢者を対象に2回のアンケート調査を実施。1つは2008年7〜9月に実施し、1,773人（回収率70.1%）が回答。もう1つは2008年11〜12月および2009年2〜3月に実施し、1,141人（回収率69.5%）が回答。

　医療費・介護費のデータは、この回答者のうち、2008年7月1日時点の国民健康保険加入者および後期高齢者（後期高齢者医療保険加入者）を対象に、2008年7月〜2011年6月の金額（保険負担分と個人負担分を合計した金額）を分析。

　また、医療費・介護費データは、診療や介護サービスの利用ごとにかかった金額を網羅（レセプトデータ）。回答者の中から、被用者保険など、国民健康保険と後期高齢者医療保険以外の医療保険加入者や市外へ転居した人などは除き、データの分析対象者は1,670人となった。

　医療費は外来医療費と入院医療費に、介護費は、在宅介護費と施設介護費に分けて提示。在宅介護費はホームヘルパーなど在宅生活をする人にかかる介護給付費を、施設介護費は老人ホームへの入所費用などを表している。

おわりに

　ここでは、社会保障制度を維持していくために期待を寄せられているものとして、高齢者の就業に着目し、高齢期における就業が社会保障費支出の抑制につながっているのかどうかを検証しました。

　その結果、働いている高齢者は働いていない高齢者よりも医療費や介護費がかかっていないことが分かりました。さらに、短時間働いている人よりも長時間働いている人の方が、その額は低く抑えられていました。3年間の合計では、1人当たりで100万円近い違いが出ていました。現在、日本の高齢者数は3,000万人を超えています。3年間で100万円×3,000万人＝30兆円、年間10兆円の社会保障費の抑制が試算されることになります。もちろん3000万人全員が長時間働けるわけはありませんが。

　また、高齢期になっても働き続けていることで、老化を先送りしたり、生活習慣病などの疾病のリスクを下げたりといった効果も期待できるのではないでしょうか。その結果、医療費をはじめとする社会保障費の支出が抑制できるとすれば、高齢期の就業は社会保障制度維持のための解決策の一つとなり得ます。働き続けることが、自分だけではなく社会のため、次の世代の人たちのためにもなる。そう考えると、働く意欲も高まり、いつまでも働き続けられることにつながるのではないでしょうか。

第1章　仕事がくれる、健康パワー

参考文献

1）山崎泰彦、岩田克彦、北浦正行ほか：『65 歳までの継続雇
　用が医療政策その他の社会保障政策に与える影響に関する調
　査研究』高年齢者雇用開発協会 (2003)

■第1章 著者プロフィール

星 旦二 （ほし たんじ）
首都大学東京・名誉教授 放送大学客員教授

　1978年福島県立医科大学卒業、竹田総合病院で臨床研修後に、1987年東京大学で医学博士号を取得。東京都衛生局、厚生省国立公衆衛生院、厚生省大臣官房医系技官併任、英国ロンドン大学大学院留学を経て現職。専門は公衆衛生学。

藤原 佳典 （ふじわら よしのり）
東京都健康長寿医療センター研究所・
　社会参加と地域保健研究チーム 研究部長

　1993年北海道大学医学部卒業、京都大学病院老年科等を経て、京都大学大学院医学研究科修了。医学博士。2000年東京都老人総合研究所地域保健部門研究員、2003年米国ジョンズホプキンス大学加齢・健康研究所留学、同研究所研究副部長を経て、2011年より現職。専門は公衆衛生学。

小池 高史 （こいけ たかし）
九州産業大学国際文化学部講師
東京都健康長寿医療センター研究所協力研究員

　2012年横浜国立大学大学院環境情報学府博士課程修了。博士(学術)。東京都健康長寿医療センター研究所非常勤研究員、日本大学文理学部助手等を経て現職。専門は老年社会学。

第2章

こうすれば上手くいく

~働き続ける知恵と工夫~

被災地域で始まった
健康農業活動に学ぶ

被災地の復興住宅などで
「生活不活発病」になる
リスクがある被災者たちが、
再び農業に接する機会を与えられ、
元気に働き始めたストーリー。
収入につながらない農業でも
これは立派な仕事です。

第2章 こうすれば上手くいく
　　　〜働き続ける知恵と工夫〜

鉢植えの園芸療法じゃなくて、
本物の畑づくりができたから、
みんな本気になれるんだよね

東京大学大学院　新領域創成科学研究科

望月 美希

1. 震災が招いた、農業からの退職

■自営業の農家は
■再開を諦めざるを得なかった

　東北地方に大きな被害をもたらした東日本大震災から5年が経過しました。この震災は、住宅やインフラといったハード面だけではなく、人々の暮らしに大きな爪痕を残しました。その一つに、仕事への影響があります。特に55歳以上の人々に東日本大震災の直接被害で離・休職し、その後仕事を辞めようと思った人が多くいました[1]。特に、東北地方の主要産業でもある農業分野で、退職に至った農業者が少なくありませんでした。

　こうした外的要因による「農業からの退職」は、農村にとってこれまでにない経験です。元々、自営業が中心の農業の分野では「定年退職」というものがありませんでした。定年制がほぼ制度化している雇用労働者の引退とは違い、農業従事者は自己決定のもとに作業の量を縮小したり、役割を変えたりと、段階的に仕事から離れていくのが大半でした[2]。

　しかし、後継者がいない高齢者の多くは、震災を機に農業から引退することになりました。たとえ農地のガレキは取り除かれたとしても、ビニールハウスやトラクターなどの高額な農機具を買い直すことは大きな経済的負担となるからです。もちろん行政支援を受けることもできますが、

70

第2章　こうすれば上手くいく
　　　　〜働き続ける知恵と工夫〜

それには昨今の農政が目指す大規模型農業への転換が条件となりました。結果、高齢で後継者の不在の農業者の多くは、経済的負担や経営再建の負担を考慮して、再開を諦めたのです。

■ 震災が連れてきた ■「することがない」問題

　こうした状況から、ある問題が発生しました。それは避難所、仮設住宅、その後の生活の中で、「することがない」ということです。この問題は、「足湯ボランティア」での対話内容を書き留めた被災者の「つぶやき」3）（2011年3月29日から2012年11月11日までの15,145件）にもしばしば登場しています。「することがない」というつぶやきの内容を細かく見ていくと「畑がない」、「仕事がない」といった声が聞かれ、以前の生活環境との違いについて語られています。

　この「することがない」という問題は、単に生活の充実感の喪失という問題だけではありません。それは、「生活不活発病」につながる可能性への懸念です。生活不活発病と災害は密接な関係にあると指摘されています。この問題を追ったこれまでの調査を見ると4）、新潟中越地震、平成18年度豪雪、能登半島地震等の災害時に、生活機能低下が同時多発的に確認されています。東日本大震災でも、同様の生活機能の低下が見られています。こうした震災時

の生活不活発病の原因として、避難所や仮設住宅で「することがない」「環境の悪化」「周囲を意識した遠慮」の３点が挙げられ、「活動機会の低下」がはっきりと見てとれます。

　では、この問題は、どのような手法で解決できるのでしょうか。一つの解決策として注目されているのが、支援団体による「生きがい仕事づくり」の活動です5)。特に東日本大震災以後は、農業や漁業といった地域の特性を生かした仕事も多くなり、高齢者や女性を中心に広がっています。これらの活動は、「金銭を得る仕事」という意味合いは小さくとも、「生きがい」という点を重視して行われおり、収益を上げることやビジネスとして展開するというよりは、被災者の生活の復興に寄り添うことを目的として行われています。

　こうした活動はどのように機能しているのか。ここでは、宮城県亘理郡亘理町で行われている「健康農業 亘理いちご畑（以下、健康農業)」という活動を例に述べたいと思います。

　震災前の亘理町は、農業と漁業といった第一次産業が主な産業であったため、高齢であっても働き続ける人が多くいました。これから話題とする農業について見ると、年齢別農業就業人口（2010年）において一番多いのは、75〜79歳の層（330人）であり、高齢者が農業を担ってきた側面が見られます（図1）。しかし、震災によって亘理町の沿岸部は壊滅的な被害を受け、多くの人々が避難生活を余儀なくされました。こうした状況から、被災者支援の一つ

第2章 こうすればうまくいく
　　　　～働き続ける知恵と工夫～

図1
震災前の販売農家年齢別農業就業人口

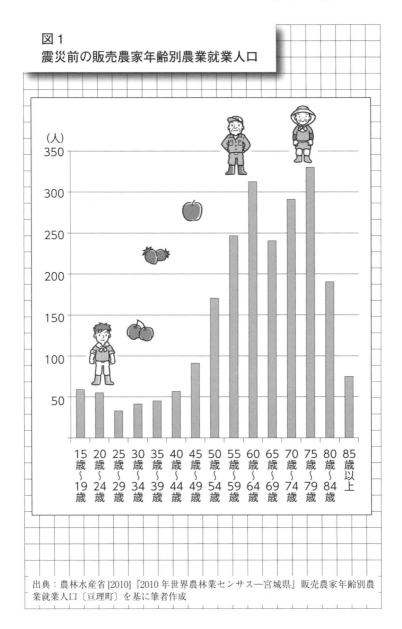

出典：農林水産省[2010]『2010年世界農林業センサス―宮城県』販売農家年齢別農業就業人口〔亘理町〕を基に筆者作成

73

として、再び農業の場をつくるために始まったのが「健康農業」の活動です。

2.「健康農業 亘理いちご畑」の 活動の現場から

■ 被災地支援の 園芸療法事業としてスタート

　この活動を運営するのは、北九州市のNPO法人「ロシナンテス」という団体です。2011年の震災直後からロシナンテスは被災地支援活動を行い、2012年冬に亘理町行政から、被災者の生活不活発病防止や心のケアを目的とした官民学連携の「地域支え合い体制作り事業*」である「園芸療法事業」の委託を受けました。元々「園芸療法」とは、植物の世話をすることによる癒しの効果に期待したリハビリテーションの手法の一つです。通常は病院や施設で行われることも多いため、プランター栽培や軽作業が中心です。

　しかし、ロシナンテス東北事業部代表のAさん（40代男性）は、被災者の方々と関わる中で、ある気付きがありました。Aさんは、「支援の中で関わってきたお年寄りたちは、それぞれ膝が痛い、腰が痛い、内臓に若干疾患がある、糖尿病の気があるとか、いろいろあるけれども、病人ではないよね。でも、『療法』っていうのは、病人に対して施

74 *厚生労働省の事業で、自治体と民間との協働により、人材育成、ネットワークの整備、先進的・パイロット的事業の立ち上げなど、日常的な支え合い活動の体制づくりに対してモデル的な助成を行うもの。

第2章　こうすれば上手くいく
　　　　～働き続ける知恵と工夫～

図2
健康農業の運営体制

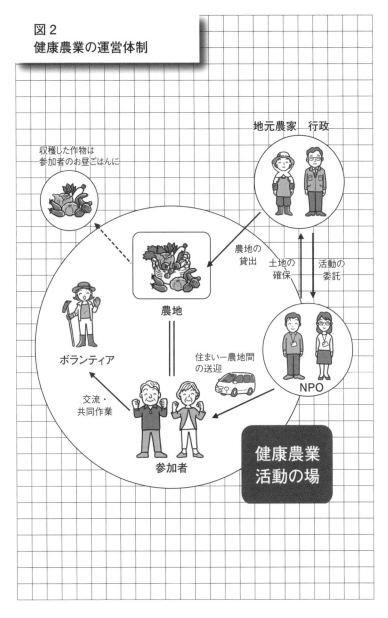

すものよね、治療の療だから。それで、これは違う」と感じたと言います。

　Aさんの指摘のように、この活動の参加者は、高齢であっても震災前までは、畑仕事をしたり、パートに出たりと元気に過ごしてきた人たちです。そこで、ロシナンテスでは「それなら、もう思い切って普通に農業やった方がよかろうと考えて。計画の中に畑をつくってもらえるように強く要望した」と、行政側に畑のスペースの確保を求めました。地元農家の理解と協力もあり、始まったのが「健康農業」です（図2）。当初は、行政が確保した農地を中心に行っていましたが、耕作放棄となってしまった農地もこの活動で担うようになりました。

　参加者の募集は、ロシナンテスのスタッフが亘理町内の仮設住宅を1軒ずつ回ったり、仮設住宅集会所での説明会を開催したりして行いました。「農業は苦手」と参加を断る方もいましたが、興味を持った方が体験に訪れ、当初は女性が多くを占めていた参加者も、その後は男性も増え、その輪は広まっていきました。

　「健康農業」の活動では、参加者が月曜日から金曜日のグループに分かれ、それぞれが週に1度ずつ、農作業を行います。それぞれのグループは5人から10人程度ですが、元々の地域での知り合いが多いことに加え、毎週顔を合わせ、作業や食事を共にすることで、仲間意識が強くなるようです。

　活動は朝、それぞれの仮設住宅や転居先の住宅に、ス

第2章　こうすれば上手くいく
　　　～働き続ける知恵と工夫～

図3
健康農業の一日の活動
（ロシナンテス報告書資料を基に作成）

仕事内容は苗作りなどもある（筆者撮影）

77

タッフが車で迎えに行くところから始まります。午前9時ごろに参加者が畑にそろうとラジオ体操を行い、作業が開始。作業内容はその日によって異なり、苗作りや草刈、収穫、その後の片付け等さまざまで、収穫した野菜で、参加者が得意とする漬物作りや干芋作りなどをすることもあります。

　作業途中で休憩をとりながら、正午まで作業を行います。この途中の休憩時間も「お茶っこ」（東北地方の方言で「お茶飲み」）と呼ばれ、参加者の楽しみの一つとなり、震災時のことから世間話などさまざまなことを話す時間となっています。作業後は、畑の野菜を使った昼食をとり、スタッフが個々の家まで送ります。この活動は「健康づくり」が目的であるために、収穫物やそれを加工した食品の販売は行っていませんが、参加者の昼食やお土産になり、自ら育てた作物を食す、自給的な活動として成立しています。

■ 活動に対する意識
■ ―「仕事」という感覚が育ってきた

　Aさんは、「参加者の人たちは、みんな『仕事』だと思って、健康農業の活動をやっている」と、参加者がこの活動をレクリエーションではなく、あくまでも仕事の場と見ているのだと言います。その理由は、参加者の昼食に対する考え方にも表れています。「こちらはそんなつもりはないけど、大半のおばあちゃんが、自分が畑で働いた対価とし

てお昼をいただいているという感覚を持っている」と言います。しかし、健康農業活動では収穫した作物の販売は行っていません。それでも、参加者が『仕事』という意識を持つ要因は２つ考えられます。その一つは、作物を作ることには「誰かのため」という要素があります。

　活動で作った作物は、昼食の材料として使われるほか、多ければ持ち帰りになります。ある日の様子では、帰りがけに、スタッフがバケツ一杯のピーマン、トマト、オクラ、枝豆等その日の収穫物を参加者たちに配りました。しかし、ある参加者は「枝豆はこの子たち（ボランティアで来ていた大学生）に持たせたいから」と置いていきました。スタッフのＢさん（20代女性）によれば、参加者は、持って帰った野菜は、近所や家族にも配ったりするようで、ある方からは「息子がこんなおいしい芋、初めて食べたーってうれしそうに言っていた」と言います。こうしたことから、作物の販売はせずとも、活動する自分たちだけではなく「誰か」のための活動にもなっていると考えられます。

■「仕事」であることの理由
■―「役割」が自然にできてくる

　この活動が「仕事」として捉えられるもう一つの理由は、健康農業活動の中で発生する個々の「役割」です。その「役割」とは、活動を支えるスタッフやボランティアと参加者の間に生まれるもので、農業に関して素人であるスタッフ

79

やボランティアに対し、長年農業に従事し、たくさんの技術や知識を持つ参加者たちがそれを教えるという「生徒と先生の関係」(Aさん)です。その日の大まかな作業内容は、スタッフが決めていますが、種のまき方や栽培中の世話の仕方は、参加者によるアドバイスを基に進められています。

　さらに、こうした「役割」は、参加者の中にもさまざまに存在します。スタッフのBさんは、「いちごの作業のときは元いちご農家の人が活躍するし、大きくなった苗を倒すときは男の人が活躍したり。あと、ごはんの後の洗い物は腰の痛くない人が、ごはん出す前の準備は台所が好きな人が自然と私たちが作っているときに来て、最後までやったり」と、日々の活動の様子を語っています。「健康農業」での「役割」とは、自分の得意な分野について人から頼られたり、それを教えたりというシーンの中から自然に生まれてきます。

　Bさんは、被災した高齢者が立ち直るためにはこうした「役割」があることが重要ではないかと言います。Bさんは、「私たちスタッフが農業に関して素人だからいいっていうのも、結構最初の段階で気付いていたの。私たちが素人だから、逆に来ている人たちが、私たちに『教えなきゃいけない』って思うようです」と話す。ロシナンテスの活動を担うスタッフやボランティアが農業について素人であるという点がかえってよかったのでは、と言います。

　この活動の大半の参加者は、長年農業に関わってきた農業のプロです。しかし震災後は、長年培った農業技術や知

識を生かす場を失いました。そんな時に、外部から来た支援者との関わりの中で、彼らの技術が再び生きる場が立ち現れたのです。震災後の「することがない」という問題は、活動機会がないだけでなく、それまでの家仕事や畑仕事といった「役割」を失ってしまった現実が、この問題を引き起こしたと考えられます。

3. 活動参加者の大半は、後期高齢者

では実際、活動参加者にとって、「健康農業」の活動はどのような意味を持っているのでしょうか。2015年9月時点での参加者全36人へのアンケートとインタビューの結果から、この活動の意味について考えていきます。

■ 参加者の全体像
■ 平均年齢78.8歳、6割は働いていた人々

参加者の性別は、男性5人、女性31人と女性が多くを占めています。平均年齢は78.8歳（最低年齢62歳、最高年齢88歳）であり、後期高齢者が多くを占めています（図4）。震災前後の生活変化について、住宅に関しては、震災前は全員が「一戸建て持ち家」に居住していましたが、震災後は、個別での住宅再建、復興公営住宅（団地型／一戸建て型）とさまざまです。また、震災前の生活については、

図4
健康農業参加者の概要（アンケートより作成）　　（　）内は％

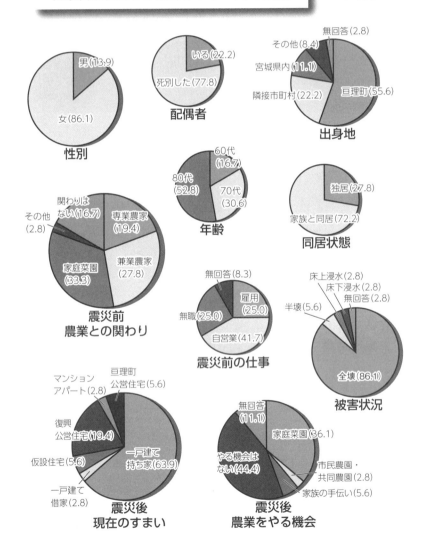

第2章　こうすれば上手くいく
　　　　～働き続ける知恵と工夫～

仕事が生活の主軸となっていた人も多く見られます。震災前に「働いていた」と答えた人が全体の6割強であり、年齢層の高さにもかかわらず多くの人が働いていたことが明らかとなりました。雇用による仕事には、シルバー人材センター、警備員、内職、パート等が挙げられました。そして、自営業者の多くを占めるのが農業です。ただし、販売を行わなくとも自給のための農業を営んできた人も多く見られます。震災前は、販売を行なっていたと回答した人（「専業農家」「兼業農家」）が47.2%、自家消費用の家庭菜園を作っていた人が33.3%であり、参加者の8割程度が農業を行っていました。

　しかし、震災後は、仕事を引退してしまったケースが多く見られています。引退理由としては、新たな仕事先が見つけにくいこと、自営業に関しては再開のためのコスト（物品の購入等）をかけられないことが挙げられています。しかし、年金や家族の収入等の生計維持手段は確保されているため、「金銭収入のための就業」を強く望んでいない様子も見られます。そのため生活の中心的な活動は、家事、友人との交流、支援者による体操教室やお茶飲みサロンへの参加、デイサービスへと移行しています。こうした生活の変化について、具体的なケースを見ていきましょう。

■出荷が楽しくて農業をしていた
■Ｐさん（78歳、女性）のケース

　Ｐさんは、亘理町の農家に生まれ育ちました。亘理町内
で結婚後、兼業農家として、造園業を営む夫に代わりＰさ
んが畑を営んできました。今から14年前に夫を亡くし、
嫁と3人の孫との5人暮らしで、70代であるＰさんも仕
事に就いており、震災前までは亘理町内の養鶏所でのパー
トを続けてきたほか、自身の畑の作物の出荷をしていまし
た。車を運転することができないＰさんは、「そのころま
だ若かったから。大根だって15、6本、じゃがいもだって
20キロぐらい運べたもの」と、2、3キロの距離を自転車
で行き来していたと言います。「年金もらっても国民年金
は安いし。だから、出荷するのは楽しみね」と、農業と作
物出荷による収入は、日々の生活の楽しみとなっていまし
た。

　震災によりＰさんの自宅は全壊の被害を受け、長期にわ
たる仮設住宅での生活の後、現在は復興公営住宅で1人暮
らしをしています。パート先も津波の被害を受けて退職す
ることになり、元々所有していた畑も仮設住宅から距離が
離れているため、やめてしまいました。生活そのものに関
しては、年金と行政による買い上げとなった元の宅地の売
却費をもとに、なんとか暮らせそうだと言います。

　しかし、昔のように農業に関わる暮らしを求めて、仮設
住宅での生活で出会った、「健康農業」と町内の貸農園を

84

第2章　こうすれば上手くいく
　　　〜働き続ける知恵と工夫〜

利用し、現在も自給的な農業を続けています。「健康農業」
に参加した理由として、「A地域の人ら随分居たんだわ、
10人くらい。行ってみようかって」と、震災前まで住ん
でいた地域の人々がいたからと言います。震災後の移転に
より居住地が離れてしまった人同士でも、「健康農業」の
活動で、昔のような日常的な付き合いができます。

　また、Pさんは活動に参加するメリットとして、「車で
送迎するからね。直接なら（活動場所の）畑まで遠いから
行かれない」と言います。Pさんは、普通に働くことがで
きる健康な状態でしたが、車の運転ができず移動手段の確
保が「障害」となっていました。「健康農業」では送迎によっ
てそうした障害を取り払い、震災前のような働く場を持つ
ことができました。震災後の高齢者の生活では、居住地の
移動や公営住宅への入居といった居住の変化により、これ
までの暮らしにはなかった「障害」が生まれる可能性があ
ります。しかし、生活を整えることによって、元気な高齢
者が元気なまま暮らすことができるのです。

　団地型の公営住宅に住まうPさんは、「健康農業」と貸
農園が現在の生活の楽しみであると言います。生計面での
不安は少ないものの、「働くこと」を通じた人との関わり
が新たな生活のさまざまな不安を取り除いているようで
す。

85

4. 収入はなくとも、
これは立派な「仕事」になる

■■「作業」があり、
■■「役割」がある

　「健康農業」の活動から明らかとなったのは、利益、販売につながらなくても、大きく2つの「働く」ことの意味を持つ場として機能しているということです。一つは、「健康農業」という場に参加することでの友人との関わりや収穫した作物を介した家族や地域との関わりが生まれること、そしてもう一つは、ボランティアや参加者との関わりの中で、さまざまな「役割」があり、おのおのの個性を発揮できることです。

　震災から5年が経ち、助成金の終了により外部支援者であったロシナンテスは撤退を余儀なくされましたが、地元で植林活動等を行ってきたNPOが引き継ぎ、現在も「健康農業」の活動は継続しています。現在は、植林活動の苗作りも担い、自給的な活動のみならず、地域のための活動へと展開しています。こうした活動のように、高齢者が持っている技術や知識によって地域を支えていくことが、今後も期待されるでしょう。

第2章　こうすれば上手くいく
　　　　　〜働き続ける知恵と工夫〜

謝辞

本研究に協力をいただいた、NPO 法人ロシナンテスのスタッフの皆様、健康農業亘理いちご畑の参加者の皆様に厚く御礼申し上げます。本研究は JSPS 科研費 24530613（研究代表者：清水亮）および公益財団法人日本農業研究所平成 27 年度人文・社会科学系若手研究者助成事業の助成を受けたものです。

参考文献

1) 玄田有史：「東日本大震災が仕事に与えた影響について」『日本労働研究雑誌』56(12): 100-120 (2014)

2) 野口典子：「近郊農村における老人の引退過程」『社会老年学』15: 27-37 (1982)

3) 三井さよ：「足湯ボランティア「つぶやき」質的分析」震災がつなぐ全国ネットワーク『東日本大震災支援活動の記録 vol.2』pp. 20-25 (2013)

4) 大川弥生：『「動かない」と人は病む：生活不活発病とは何か』講談社 (2013)

5) 似田貝香門：「モラル・エコノミーとボランティア経済：＜災害時経済＞のもう一つの経済秩序」似田貝香門、吉原直樹編『震災と市民Ⅰ』東京大学出版会 pp. 3-23 (2015)

秘訣(ひけつ)は、就業ニーズと働く場所のマッチング

高齢者の無料職業紹介所を訪れた人々に
働きたい理由をアンケート調査。
その結果を集計・分析してみると、
4つの集団に分かれました。
これからは、自分でも、なぜ働きたいのか、
就業で得たいものは？
ということをしっかりと意識することが、
長く働くことにつながりそうです。

第2章 こうすれば上手くいく
　　　～働き続ける知恵と工夫～

ここで紹介する求職者の
4つのタイプのうち、
皆さんはどれに
当たるのでしょうか？

東京都健康長寿医療センター研究所

研究スタッフ　松永 博子

1. 高齢者の働く理由と求める働き方

はじめに

　アクティブシニア就業支援センターをご存じでしょうか？　中高年齢者を対象に、公益法人などが東京都および地域の区市・東京しごと財団の支援と、国の許可等を受けて開設した無料職業紹介所です。現在、都下に12カ所展開しており、おおむね55歳以上の人の就業相談や職業紹介、就職支援セミナー、合同就職面接会などの就職支援を行っています（右図）。

　その中で、私たちは、2カ所のアクティブシニア就業支援センターをフィールドとして、高齢者が就業を希望する理由（就業ニーズ）とマッチングについて継続的に調査を行いました。

■ 多くの人が
■「お金」「健康」「生きがい」「仲間」を希望

　この調査に先立ち、1974年に東京都老人総合研究所（現・東京都健康長寿医療センター研究所）の社会学部高齢者就労研究班が行った『高齢者の職業と移動』という調査によれば、高齢者無料職業紹介所での就業ニーズとして、約7割の人が「経済上の理由」を、約3割の人が「健康のため」「家でぶらぶらしていてもしょうがない」を挙げています[1]。

　2013年には内閣府により35歳から64歳を対象として『高

第2章　こうすれば上手くいく
〜働き続ける知恵と工夫〜

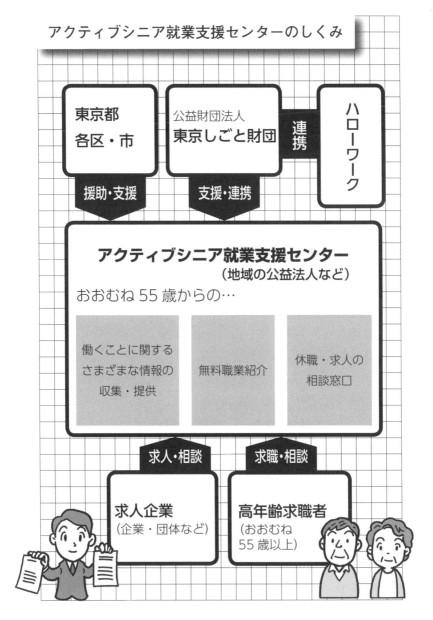

齢期に向けた「備え」に関する意識調査』2）が行われ、60
歳以降に就業を希望する理由として、「生活費を得たいか
ら」76.7％、「自由に使えるお金が欲しいから」41.4％、「仕
事を通じて、友人・仲間を得ることができるから」30.1％
などが挙げられています。

　そして、今回のこの高齢者向け就業支援施設でのアン
ケート調査では、就業ニーズとして「生活のための収入が
欲しい」78.9％、「健康のため」45.3％、「生きがいを得たい」
36.7％などを挙げています3）。これらの調査から、多くの
人が「お金」や「健康」、「生きがい」や「仲間」を希望し
ていることが分かります。

■仕事の 2 大条件は
■「無理なく」「役に立つ」こと

　では、高齢者は、どのような形態や役割分担でどのよう
な働き方をしたいと考えているのでしょうか。
　福島（2007)4）による 13 人へのインタビューでは、「無
理なく働きたい」「誰かのために役立ちたい」「人間関係を
得るために働きたい」「お小遣い稼ぎをするために働きた
い」という就業ニーズが示されています。
　そして、「無理なく働きたい」と「誰かのために役立ち
たい」という 2 つのニーズには、若手との「デュアルスタッ
フィング型」グループによる「ジョブシェアリング型」「専
門分野トレーナー型」仲間同士の「コミュニティビジネス

第2章　こうすれば上手くいく
　　　　～働き続ける知恵と工夫～

型」というタイプの働き方を提案しています。

　若手との「デュアルスタッフィング型」は若手と高齢者がそれぞれの特性を生かして補い合う働き方、グループによる「ジョブシェアリング型」は何人かの仲間と仕事を請け負うという働き方、「専門分野トレーナー型」は特定分野での専門的な経験や知識を生かす働き方、仲間同士の「コミュニティビジネス型」は、何人かの仲間で地域に即したコミュニティビジネスを展開する型です。

　また、高齢者の雇用形態を考えれば、公的年金の引き上げにより、これからは「ボランティア」ではなく、「仕事」としての面を重視した参加が増えると想定され、NPO法人が高齢者に門戸を広げていくべきだという論説が提言されています[5]。NPO法人へのアンケート調査では、すでに半数のNPO法人が60歳以上の有給で働く人を雇用しており、今後も60歳以上の人を雇用していきたいと回答。シニア層の技術や経験、人脈は資源であり、柔軟な雇用形態が可能だと回答しています。

　しかし、前述の福島（2007）によるインタビュー調査は、高齢者を積極的に採用し、メディアでも取り上げられた企業でいきいきと働く高齢従業員が中心で、どちらかといえば、経済的に恵まれている方々だったと考えられます。それに比べ、後者で論じられている雇用形態は、生きがいが得られる就業としてNPO法人が取り上げられており、今後の高齢者就業の一つの方向性を示しているのではないかと思われます。

第2章　こうすれば上手くいく
　　　　～働き続ける知恵と工夫～

就業のあり方4つのタイプ

95

2.「働きたい」のに「働けない」現実が

■ 多くの人が求めているのは 「つらくない」仕事

　以上のような調査研究を踏まえ、より良い就業につなげる方策を探るために、私たちは前述のアクティブシニア就業支援センターに初来所した方にモニターを募り、同意の得られた人(男性19人、女性11人)計30人に半構造化によるインタビュー*を実施しました。30人の内訳は、就業中18人、求職中12人でした。

　インタビューは2014年度に3日間かけて行い、質問内容は、「求職理由」「求職条件とその理由」「現在の状況」でした。回答を分析した結果見えてきたのが、「つらくない仕事」「社会貢献と社会参加のため」「経験を活用したい」「小遣いを稼ぐため」「生活費を稼ぐため」という5つの就業ニーズです。「つらくない仕事」と「社会貢献と社会参加のため」は相互に影響しており、「小遣いを稼ぐため」は「社会貢献と社会参加のため」にも収入の補填にしたいというつながりがあるのではないかと考えられます（右図）。

　さらに、この就業ニーズには、大きく2つの流れがあります。一つは小遣い稼ぎをしながら、社会貢献・社会参加をしようと考えている人達、もう一つは生活費のために働こうという人たちです。しかし、小遣い稼ぎしながら社会

---

*半構造化インタビュー：事前に大まかな質問事項を決めておき、回答者の答えによってさらに詳細にたずねて行く簡易な質的調査法。長時間のインタビューが行えない場合などに効果的。

第2章　こうすれば上手くいく
　　　～働き続ける知恵と工夫～

貢献・社会参加しようと考えている人たちも、生活費のために働こうという人たちも「つらくない」仕事を望んでおり、いずれの場合もこれまでの仕事の経験を生かしたいと考えていました。

　社会貢献・社会参加しようという人たちはつらくない仕事でもいいかもしれませんが、生活費を稼ぐ必要がある人まで、なぜつらくない仕事を希望するのでしょうか。つらくない仕事は短時間労働で低収入なのに？という矛盾に行き当たります。

■インタビューから見えてくる
■就業を阻む要因

　その矛盾を明らかにするために、就業を阻む要因（高齢求職者が語った就業を阻む要因）について、インタビューの内容を分析し、求職活動がうまくいかない理由や状況について解釈をしてみました。

　インタビューの回答をさらに分析してみると、「面接に至る以前の課題」「自身や家族の健康問題」「自信喪失」「就活にもお金が必要」という４つのカテゴリーが就業を阻む要因になっていることが分かってきました。そして、「面接までの課題」は、「自信喪失」に影響を与えていると思われます。就業できない理由には自分や家族の健康問題もあるけれども、そもそも求人が少なく、限られた仕事、限られた雇用形態という現実の中で求人票を選び、相談窓口

第2章 こうすれば上手くいく
　　　～働き続ける知恵と工夫～

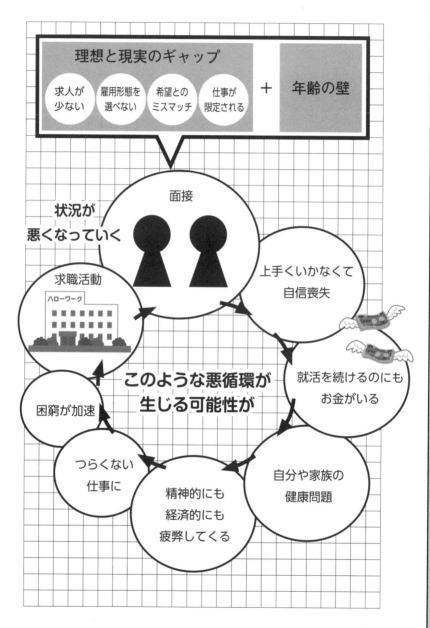

に行っても、企業に電話すると年齢で断られてしまうと
いった、面接に至る以前のさまざまな課題が声として挙げ
られていました。

　また、運良く面接まで行っても不採用になったり、採用
になってもすぐに解雇されたりということもあり、それが
求職者の自信喪失につながっていました。その上、求職活
動にはお金もかかり（履歴書・写真・健康診断書）、求職
活動を継続していくこと自体が大変だという状況が浮き彫
りになってきます。

　就業ニーズと就業を阻む要因を併せて考えてみるほど、
求職活動をするものの、いくつかの困難な状況が重なり、
上手くいかない就職活動から自信を喪失したり、就職活動
を継続するための資金が不足したり、自分の健康問題や家
族の介護といった問題が生じたりと、精神的にも経済的に
も行き詰まり、賃金は低いけれども楽な仕事を希望してい
る内情が見えてきます。そしてその矛盾的選択がさらに経
済的な困窮を加速させるといった悪循環が生じている可能
性も見いだされます。もちろん、就職活動がスムーズに進
む人もいるはずですが、このような難しい事例も実際には
少なくありません。

■ 限られた仕事、■ 雇用形態というハードルが

　さらに私たちは、就業ニーズに別の特徴を見るために、

100

第2章　こうすれば上手くいく
　　　　　〜働き続ける知恵と工夫〜

次のアンケート調査を行ってみました。

　そこでは、アクティブシニア就業支援センターに初来所
した人の中からモニターを募り、その中で同意の得られた
人（男性146人、女性88人、性別の欠損1人、計235人、
平均年齢は63.68歳）にアンケート調査を実施。調査は
2013年1月から2014年3月にかけて行われました。

　アンケート項目の、「あなたが仕事を探している理由は
何ですか。（〇はいくつでも）」という質問の選択肢「1.
生活のための収入が欲しい」「2.　借金の返済のため」「3.
小遣い程度の収入が欲しい」「4.　健康のため」「5.　生き
がいを得たい」「6.　社会貢献・社会とのつながり」「7.　時
間に余裕があるから」「8.　家族などのすすめ」「9.　その他」
という9つへの回答のパターンから、集団を4つに分けま
した。集団1は63人、集団2は104人、集団3は43人、
集団4は25人でした。

●集団1は、「1.　生活のための収入が欲しい」「4.　健康の
　ため」「5.　生きがいを得たい」「6.　社会貢献・社会との
　つながり」を挙げていました。

●集団2は、「1.　生活のための収入が欲しい」のみでした。

●集団3は、「3.　小遣い程度の収入が欲しい」「4.　健康の
　ため」。

●集団4は、「5.　生きがいを得たい」「6.　社会貢献・社会
　とのつながり」「7.　時間に余裕があるから」を就業ニー
　ズに挙げていました。

　そこで、集団1を「混合型」（集団2の生活費型・集団

101

3の余暇型・集団4の生きがい型の複合型）、集団2を「生活費型」、集団3を「余暇型」、集団4を「生きがい型」と命名しました（右図）。

3. これからの就業ニーズと
マッチングを考える

■ 4つの集団の
特徴が明確に

　さらに、集団ごとの就業ニーズ以外の質問項目の回答結果から4集団の特徴について、どのようなタイプの人がそれぞれの集団に多いのかを見てみました。就業ニーズ以外の質問項目とは、年齢、学歴（「最後に卒業した学校はどちらですか」への回答）、健康（「普段ご自分で健康だと思いますか」への回答）、経済状況（「今の暮らし向きはいかがですか」への回答）、精神的健康（「最近2週間のあなたの様子」に関する5つの選択肢の回答の合計）、性別、同居家族の有無、社会参加（「次のようなグループに入っていますか（町内会・老人会・趣味・スポーツ・ボランティア・政治関係・業界・宗教・その他）」への回答）についてです。

　比較してみると、混合型は、「経済状況が良くなく」「女性」「一人暮らし」といった傾向が見いだされました。生活費型は、「年齢が低め」「経済状況」と「精神的健康度」が良

第2章 こうすればうまくいく
　　　〜働き続ける知恵と工夫〜

求職理由による集団の特徴と命名

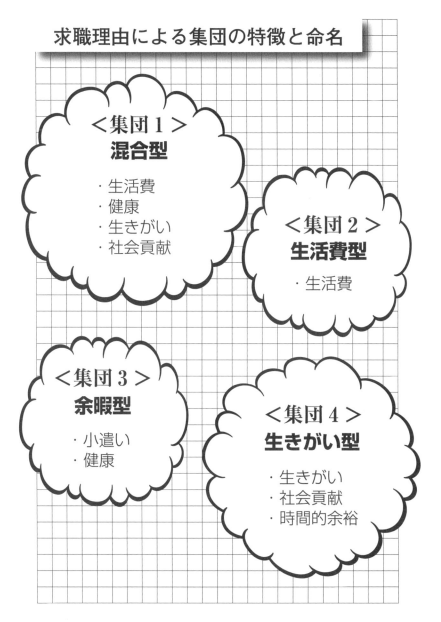

103

くなく、「男性」「社会参加をしていない」傾向が示されました。余暇型は、「年齢が高め」「健康」と「経済状況」が良好で「同居家族があり」「社会参加をしている人が多い」傾向でした。生きがい型は、余暇型と酷似していましたが、「一人暮らしが多い」という傾向だけ異なっていました

　この結果から想像すると、混合型は、一人暮らしの女性が多く経済状況は良くないのですが、「せっかく働くならお金も生きがいも欲しいし、社会貢献もしたいし、健康に良いから」といった、あいまいな型であるとの見方もできます。生活費型は、比較的若い男性で、「稼がなくてはいけない」という思いが強く、それが精神的に良くない傾向を持つ可能性があります。余暇型は、同居家族がいるので、「家でダラダラしているなら健康づくりのために働いて、お小遣いを稼ごう」と考え、生きがい型は、「時間はあるから、それなら社会のために役立ちたい」という集団ではないかと想定されます。

　さらに、生活費型に比べ、混合型は、学歴と年齢が高く・女性が多い、余暇型と生きがい型は、経済状態が良好で年齢が高いという結果でした（右図）。

■各集団の ■特性に応じたマッチングを

　働きたい理由（就業ニーズ）と仕事の内容がぴったり合うのが、最も長続きできる要件になるはずです。つまり、

第2章 こうすれば上手くいく
～働き続ける知恵と工夫～

「働きたい理由」4つのタイプと傾向

一番いいマッチングは、それぞれの人が希望に合った仕事に就けることです。今回の「混合型」「生活費型」「余暇型」「生きがい型」の中でも、「混合型」についてはどのような仕事がいいのかを提案するのは難しいのですが、「生活費型」はフルタイムに近い就業ができるのが一番ですし、賃金も高い方が良いでしょう。それに比べ、「余暇型」には、短い労働時間で体を動かすような仕事、「生きがい型」には誰かの役に立つ仕事が良いと考えられます。

　先述のインタビュー調査の中にも求職活動がうまくいった人と、いかなかった人がいましたが、求職活動がうまくいった人を抽出してみると、「生活費型」の例としては、フルタイムで配送の仕事が決まった人がいました。年金がもらえるまで契約社員で働くと意欲を示していました。「余暇型」の例としては、介護施設の送迎の仕事に就いた人がいました。「朝の数時間や夕方の数時間の勤務」という希望とマッチしていたようです。「生きがい型」の例とすれば、障がい者施設で働き始めた人や放課後の学校で子どもたちの見守りを始めた人がいて、短い時間で収入は多くなくとも、やりがいを見つけた「いきいきとした様子」が伝わってきました。

　最後に、高齢者の就業のニーズはさまざまだと思いますが、皆さんが「働くことを考えるにあたって重視していることは何か」をはっきりと決めていくことが求職活動に一番役に立つという事をお伝えしたいと思います。

第2章　こうすれば上手くいく
　　　～働き続ける知恵と工夫～

自分のニーズに合った仕事に就ければ、長く・楽しく働ける！

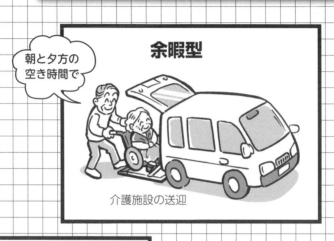
介護施設の送迎

配達の契約社員

子どもたちの見守り

参考文献

1) 袖井孝子、高取久枝、本間信吾：『高齢者の職業と移動』東京都老人総合研究所社会学部高齢者就労研究班 (1974)

2) 内閣府：平成 25 年度高齢期に向けた「備え」に関する意識調査 (2014)

http://www8.cao.go.jp/kourei/ishiki/h25/kenkyu/zentai/index.html

3) 南潮、鈴木宏幸、倉岡正高ほか：「都市部における新たな高齢者向け就労支援施設の取り組み」『日本公衆衛生雑誌』62(6): 281-293 (2015)

4) 福島さやか：「高齢者の就労に対する意欲分析」『日本労働研究雑誌』49(1): 19-31 (2007)

5) 小澤一貫：「超高齢社会における高齢者雇用：NPO 法人と高齢者雇用のマッチングの考察」『法政大学大学院紀要』71: 280-319 (2013)

第２章　こうすれば上手くいく
　　　　〜働き続ける知恵と工夫〜

介護予防になる
生きがい就業のかたち

介護予防のデイサービスや介護予防教室などに通って、
体操をしたりするのも良いけれど、
役割のある「仕事」をこなすというかたちの活動の方が
介護予防効果があるかもしれない。
シルバー人材センターの生きがい就業を、
介護予防プログラムに転換した実績をご紹介します。

第2章　こうすれば上手くいく
　　　　～働き続ける知恵と工夫～

シルバー人材センターには
無理のない程度の仕事をしながら
社会貢献したいという人々が
集まっているからネ

ダイヤ高齢社会研究財団

中村 桃美　石橋 智昭

1. シルバー人材センターで
働く人々の生きがい

はじめに

　シルバー人材センターは、おおむね60歳以上の会員に住みなれた地域で働く機会を提供する団体です。市区町村単位として設置され、公的な性格を持っていますが、運営はあくまでも会員である高齢者自身の主体的な取り組みによって行われており、働き方には下記の3つの特徴があります1)。

【シルバー人材センターでの働き方】

①会員はシルバー人材センターから紹介された仕事を必ず受けなければいけないわけでなく、自分の都合や体調に合わせて引き受けるかどうかを決めることができる。

②高齢者にふさわしい仕事を、センターが民間企業・一般家庭・公共団体などから、請負、委任の形で引き受け会員に提供する場合と、労働者派遣の形で引き受け、会員が派遣により就業する場合がある。

③シルバー人材センターでの就業は、臨時的・短期的・軽易的な作業に限られている。

　シルバー人材センターでの就業は、生計の維持を目的とした本格的な就業ではないことから“生きがい就業”とも呼ばれています。実際に、新入会員の入会動機では「経済的な理由（20%）」よりも「健康維持（39%）」や「生きがい・やり

112

第2章 こうすれば上手くいく
　　　　～働き続ける知恵と工夫～

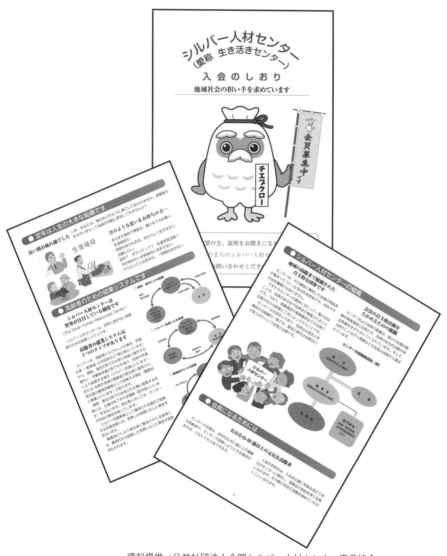

資料提供／公益社団法人全国シルバー人材センター事業協会

がい（27%）」が多くなっています。

　シルバー人材センターが提供する仕事内容は、公園清掃や除草作業などの一般作業業務が半数を占めます。このほか、駐輪場や公共施設などの管理業務も多く（20%）、これに比べて折衝外交業務（集金など）や事務業務（パソコン入力など）は全体から見ると数が少なくなっています（図1）。

　シルバー人材センターが全国に普及し始めた1980年から30年以上が経過して、その会員数は70万人を超え、センター数も開設当初の14倍となる1,304カ所が整備されました2）（図2）。

　「自主・自立・共働・共助」の理念のもと、ワークシェアリングを基本に、同世代の人々が日々の生活で困っていること、不自由を感じていることを"生きがい就業"によってお手伝いし、地域社会に貢献する活動を実践しています。

■ 仕事を通じた社会参加こそ
■ 健康維持と介護予防の近道だから

　2015年の介護保険制度の改正により≪介護予防・日常生活支援総合事業≫が誕生しました。この事業は、要介護状態になっても住み慣れた地域で暮らし続けることができるよう、家事や外出、サロン（集い場）などの≪生活支援≫を住民参加型の互助的な支援によって充実させることを目指したものです。そして、シルバー人材センターはその提供主体の一つに位置付けられています。

114

第2章　こうすれば上手くいく
　　　　～働き続ける知恵と工夫～

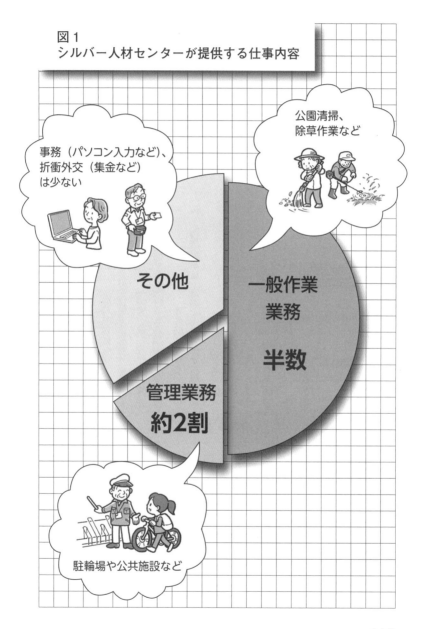

図1
シルバー人材センターが提供する仕事内容

図2
シルバー人材センターの会員数の推移[2)]

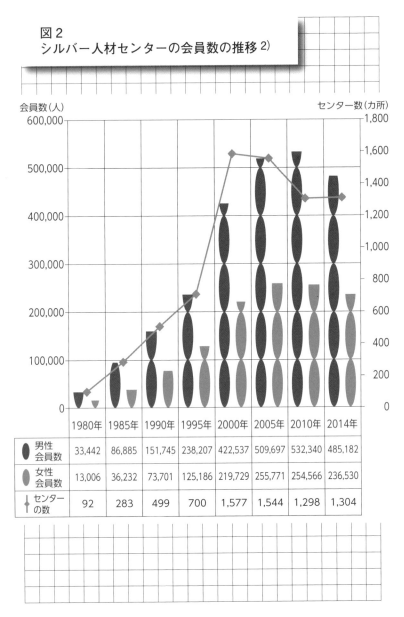

注)2000年以降のセンター数の減少は市町村合併によるもの

第2章　こうすれば上手くいく
　　　　〜働き続ける知恵と工夫〜

　シルバー人材センターが期待される背景には、「安い労働力」としての側面だけでなく、高齢者をマンパワーの中心に据える積極的な意義があります。高齢者が"生きがい就業"により生活支援サービスの担い手になる（＝社会参加する）ことが、高齢者自身の健康維持や介護予防にも資するという考え方です（図3）。そもそも、シルバー人材センター事業は「就業を通じて高齢者の社会参加や生きがいを支援すること」を目的としており、介護予防の拠点にふさわしい機能や優位点を備えています（図4）。

　また、生きがい就業の健康維持効果については、高齢者の自尊感情や社会的存在感などの幸福感を高めることが、これまでの研究で分かっています。さらに、医療費や要介護認定者の割合を低くする可能性が報告されており3)，4)，5)、これらの効果（effectiveness）の観点からも一定の期待が寄せられています。そこで、"生きがい就業"を≪介護予防プログラム≫の一つに位置付け、その実現可能性を探る私たちの実証研究がスタートすることとなりました。

■ 介護予防が必要な人にも就業機会を提供できる

　さて、軽い仕事を選んだとしても「介護予防が必要な高齢者」が働くことに無理はないのでしょうか？　その答えを私たちが東京都町田市シルバー人材センターと行った共

117

図3
就業を通じて社会参加や生きがいを支援

第２章　こうすれば上手くいく
　　　　～働き続ける知恵と工夫～

図４
介護予防プログラムの拠点としての７つの優位点

①高齢者のさまざまなニーズに対応できる臨時的・軽
　易的・短期的な仕事内容のストックがある。

②今後ニーズが高まると予想される高齢者への生活
　支援サービスの提供も可能である。

③地域班が組織されているので、広域での対応が
　可能である。

④ワークシェアリングが徹底されている
　（10日/1カ月）または（20時間/1週間）が上限。*

⑤グループ就業によって安全就業に努めている。

⑥公共事業の実績を通じた地方公共団体からの
　信頼感。

⑦充実した同好会による規模の拡大が可能。

*2016年から一部の仕事では40時間まで可能になった。

同研究から紹介しましょう。

　最初に取り組んだのは、約3,000人の登録会員に『基本チェックリスト*（表1）』に回答してもらい、国の定めた介護予防（二次予防事業）の対象に該当する会員を抽出することでした。

　その結果、全体の17%に相当する会員が介護予防対象者として選定されました。全国の65歳以上人口での平均値が10%程度なので、それよりも高い値となりましたが、シルバー会員の年齢分布を考慮すれば、特に多過ぎるわけではありません。

　次に、介護予防対象の会員（17%）のその後1年間の就業状況を把握しました。その結果、介護予防対象者に該当した会員の約8割は、シルバー人材センターで何かしらの仕事に就いていました。また、年間の就業頻度を見てみると、平均8.5カ月と定期的に働き、月間の報酬は32,680円。健康な会員とほぼ同程度の就業をしていることが明らかになりました。

　さらに、その1年間に退会した会員は2.2%と極めて少なかったことから、シルバー人材センターでのこうした働き方は、介護予防対象者に相当する虚弱高齢者にとっても、無理なく継続できる活動であると考えられました。

*基本チェックリストとは、まだ介護認定を受けていない65歳以上の人の中で、近い将来、要支援・要介護となるおそれのある人を選定するために、厚生労働省が作成したチェックシートです。

第２章　こうすれば上手くいく
　　　　　〜働き続ける知恵と工夫〜

表１　基本チェックリスト（厚生労働省）[6]

1	バスや電車で１人で外出していますか。
2	日用品の買い物をしていますか。
3	預貯金の出し入れをしていますか。
4	友人の家を訪ねていますか。
5	家族や友人の相談にのっていますか。
6	階段を手すりや壁をつたわらずに昇っていますか。
7	椅子に座った状態から何もつかまらずに立ち上がっていますか。
8	15分位続けて歩いていますか。
9	この１年間に転んだことがありますか。
10	転倒に対する不安は大きいですか。
11	６ヶ月間で２〜3kg以上の体重減少がありましたか。
12	身長　　　cm、体重　　　kg　（BMI ＝　　　　）※
13	半年前に比べて固いものが食べにくくなりましたか。
14	お茶や味噌汁等でむせることがありますか。
15	口の渇きが気になりますか。
16	週に１回以上は外出していますか。
17	昨年と比べて外出の回数が減っていますか。
18	周りの人から「いつも同じ事を聞く」などの物忘れがあると言われますか。
19	自分で電話番号を調べて、電話をかけることをしていますか。
20	今日が何月何日かわからない時がありますか。
21	（ここ２週間）毎日の生活に充実感がない。
22	（ここ２週間）これまで楽しんでやれていたことが楽しめなくなった。
23	（ここ２週間）以前は楽にできていたことが今はおっくうになった。
24	（ここ２週間）自分が役に立つ人間だとは思えない。
25	（ここ２週間）わけもなく疲れたような感じがする。

【対象者の選定基準】

①	No.1〜20のうち10項目以上に該当（複数の項目に支障）
②	No.6〜10のうち３項目以上に該当（運動機能の低下）
③	No.11とNo.12の両方に該当（低栄養状態）
④	No.13〜15のうち２項目以上に該当（口腔機能の低下）

※BMI＝体重（kg）÷身長（m）÷身長（m）が18.5未満の場合を該当とする。

2. 生きがい就業で健康度が改善

■ シルバー人材センターでの仕事を参考に
■ 就業型介護予防プログラムを考案

　シルバー人材センターで実際に行われ、多くの高齢者が無理なく続けて、生きがいになっているような仕事なら、そのまま介護予防プログラムとして活用することができるかもしれない。介護予防デイサービスで行っている筋力トレーニングという形式とはまた違う、生きがい就業型の介護予防プログラムが考案できないかと考えました。

　実際に、介護予防の対象会員が担当した仕事は、男性では公園清掃や除草作業などの「屋外作業業務」と建物管理や駐輪場整理などの「施設管理業務」が多く、女性は室内清掃や袋詰め作業などの「屋内作業業務」と戸別配布などの「外務業務」でした。これらは、シルバー人材センターの仕事で最も多い「一般作業業務（除草作業、自転車整理など）」と比べて、≪危険度≫や≪強度≫も低く、さらに2～5人の班単位で担当するという特徴があります。このような仕事なら、介護予防対象の高齢者でも楽しみながら続けられそうです。そこで、ここから考案した「生きがい就業型の介護予防プログラム案」を紹介します(図5)。

　まず、仕事の内容は、班単位のグループ就業を中心に、「小学生の放課後の校庭での見守り」「広報等の各戸配布」「公

122

第2章　こうすれば上手くいく
　　　　～働き続ける知恵と工夫～

図5
生きがい就業型介護予防プログラム案

出典：7)

園等の花壇整備」、屋内であれば「封筒への折り封入作業」などが考えられます。次に、元気な会員とペアを組んで就業する仕組みをとり、例えば通常2人で受注する仕事ならば予防対象者は2人まで受け入れ可能です。また、就業頻度は公的な運動教室や栄養指導等と同じ、週1回・3時間程度の3カ月間継続します。なお、本人が希望すればプログラム終了後にセンターに会員登録する道もあり、既存の介護予防プログラムの課題であった出口問題にも対応できます。

さて、このプログラムの事業単価は、対象者1人あたり3.4万円(3ヶ月)と試算され、既存プログラムの平均単価(4万円前後)とほぼ同額で実施可能です。本プログラムでは介護予防対象者と同数の健康な会員の就業機会を同時に創出していますので、その費用対効果には一般高齢者向けの予防事業としての効用も上乗せすることができるものです8)。

■就業1年後に ■半数の人々の健康状態が改善

2006年に町田市シルバー人材センターと共同研究をスタートさせてから10年が経ちました。この間に、シルバー人材センターでの就業を介護予防と結び付けようとする取り組みが徐々に全国に広がっています。現在では、大阪府(7カ所)、奈良県(6カ所)、埼玉県(12カ所)、兵庫県(9カ所)

第2章　こうすれば上手くいく
　　　　～働き続ける知恵と工夫～

が新たに研究に参加し、町田市と同様のアンケート調査を
全会員に毎年1回実施しています。

　ここでは、現在得られている成果の中から、2回（2年）
以上のアンケート調査を実施したシルバー人材センター（7
カ所）のデータに基づき、1年間でどのような健康状態の
変化が起きているのかを紹介します。

　まず、7カ所のセンターで、1年目の調査で二次予防事
業の対象に該当した会員（623人）の1年後の健康度を分
析しました。1年後の変化は、追跡調査時にも再び二次予
防の基準に該当していれば「不変」、非該当となれば「改善」
と定義しました。その結果、1年後に「改善」していた会
員の割合は、センターによって38.0～67.4％と幅がありま
したが、平均では約半数の会員が1年間で改善しているこ
とが分かりました（図6-①）。

　また、会員の年代別に改善の割合が異なるかどうかも確
認しました。その結果、年代による割合には大きな差が見
られず、75歳以上の後期高齢者世代でも改善の可能性が
あることが示されました（図6-②）。今後は、改善した会
員の仕事の内容を詳細に分析して、どのような仕事をどの
程度行うことが最も効果的なのかを探索していく計画で
す。

125

図 6-①
介護予防対象会員の1年後の改善割合（623人）

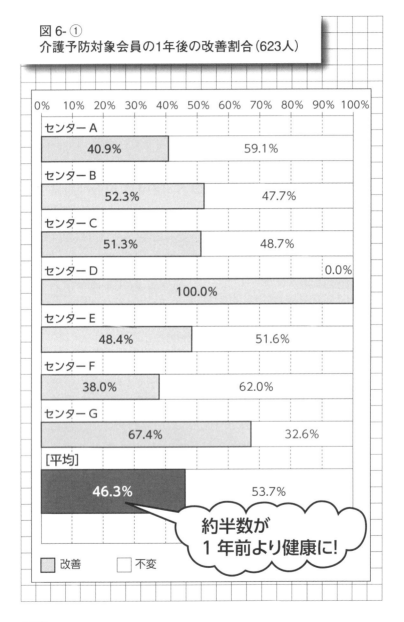

第2章 こうすれば上手くいく
〜働き続ける知恵と工夫〜

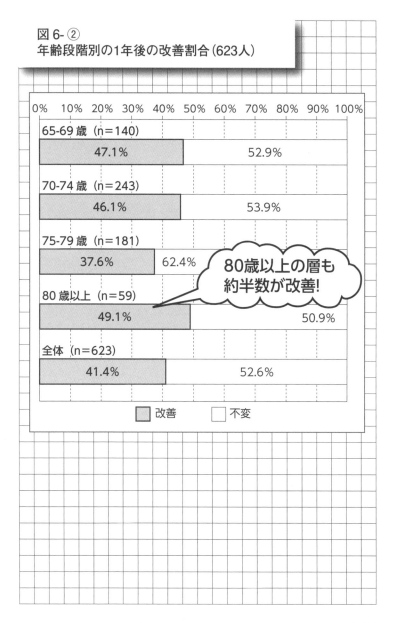

図6-②
年齢段階別の1年後の改善割合(623人)

■ "ほどほど"の就業量が ■ 最も効果的

　これまでは、国の介護予防事業で利用されている『基本チェックリスト』に基づく成果を紹介してきました。ここでは、活動的な日常生活を送るための生活機能の指標である13項目の『老研式活動能力指標』（35頁参照）を用いた結果を紹介します。10項目以上（10点以上）に「はい」と回答できれば、地域で日常生活を問題なく送ることができるレベルだと評価されます。そして、得点が10点以上の生活機能が高い会員2,509人をその後2年間追跡し、2点以上得点が低下した会員を低下群[8]、追跡途中に退会した会員などを脱落群、それ以外を維持改善群とした結果、約7割の会員が生活機能を維持・改善できていました。

　さらに、低下群では維持改善群と比べて追跡期間中に就業していなかった会員の割合が高かったことが分かりました。また、12時間/週程度、もしくは、それ以上の就業量に従事していた会員と就業していなかった会員とでは、生活機能の維持改善に差が見られなかったのに対して、6時間/週程度の少ない就業量に従事していた会員では、改善の確率が高いことが明らかになりました（図7）

　これらの分析結果から、シルバー人材センターでの就業は生活機能の低下予防につながっていて、そのためには、"まったく働かない"や"働き過ぎ"よりも"ほどほどの就業量"が最も効果的だということが示されました[9]。

128

第2章 こうすれば上手くいく
　　　～働き続ける知恵と工夫～

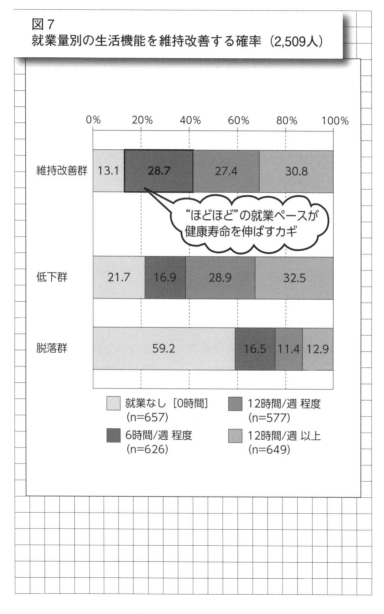

図7
就業量別の生活機能を維持改善する確率（2,509人）

参考文献

1) 石橋智昭：「生きがい就業を支えるシルバー人材センターのシステム」『老年社会科学』37(1): 17-21 (2015)

2) 公益社団法人全国シルバー人材センター事業協会：「Ⅱ実績」『平成 26 年度 シルバー人材センター統計年報』p. 7 (2015)

3) 岡眞人編著：『高齢期の就業と生きがい：シルバー人材センター新規加入者アンケート調査最終報告』横浜市立大学経済研究所 (1998)

4) Weiss RS, Bass SA, Heimovitz HK, et al. : Japan's Silver Human Resource Centers and Participant Well-being. *Journal of Cross-cultural Gerontology* 20(1): 47-66 (2005)

5) 全国シルバー人材センター事業協会：『高齢者の健康維持・増進と医療費に関する考察：シルバー人材センター会員など・都市規模別比較』全国シルバー人材センター事業協会 (2006)

6) 厚生労働省老健局老人保健課：「基本チェックリストの活用等について」『全国介護保険・老人保健事業担当課長会議』pp. 16-27 (2005)

7) 石橋智昭、中村桃美：「介護予防プログラムへの生きがい就業の活用」『病院設備』56(4): 56-59 (2014)

8) 藤原佳典、新開省二、天野秀紀ほか：「自立高齢者における老研式活動能力指標得点の変動：生活機能の個別評価に向けた検討」『日本公衆衛生雑誌』50(4): 360-367 (2003)

9) 中村桃美、長田久雄、杉澤秀博：「都市部シルバー人材センターにおける就業の高次生活機能の低下抑制への影響」『老年学雑誌』6: 15-24 (2016)

第2章　こうすれば上手くいく
　　　　～働き続ける知恵と工夫～

■第2章　著者プロフィール

望月 美希 （もちづき　みき）
東京大学大学院新領域創成科学研究科博士課程
日本学術振興会特別研究員（DC2）
東京都健康長寿医療センター研究所研究生

2013年慶応義塾大学文学部卒業、2015年東京大学大学院新領域創成科学研究科修士課程修了。修士（環境学）。専門は地域社会学。

松永 博子 （まつなが　ひろこ）
東京都健康長寿医療センター研究所・
　社会参加と地域保健研究チーム リサーチアシスタント

2009年武蔵野大学通信教育部人間関係学部心理学専攻卒業、2011年武蔵野大学大学院通信教育部人間学研究科修了。人間学修士。2011年桜美林大学大学院博士後期課程入学、2015年に企業を退職後、現職、同年、桜美林大学大学院老年学研究科博士後期課程を満期退学。専門は老年学。

中村 桃美 （なかむら　ももみ）
公益財団法人ダイヤ高齢社会研究財団 リサーチアシスタント

2012年法政大学経済学部(社会システムコース)卒業、2014年桜美林大学大学院博士前期課程修了。修士（老年学）。2013年から現職。主な研究テーマはシルバー人材センターの社会的有用性の検証。

石橋 智昭 （いしばし　ともあき）
公益財団法人ダイヤ高齢社会研究財団 研究部長

1990年千葉大学大学院修了。博士（医学）。亀田総合病院研究員、慶應義塾大学医学部助教を経て、現職。専門は、医療介護サービスの質の評価研究。

第3章

最新のホットなテーマと研究事例

働いていたほうが健康に良く、長生きしやすい

〜TMIG-LISA（東京都A市、秋田県N村）の実証研究から〜

本当に働いていたほうが健康に良いのか。
それとも働かず、のんびりしていたほうが良いのか。
それは、働いている高齢者と働いていない高齢者を
長期的に追跡して結果を見なければわかりません。
それを行ったのがこの調査です。

東京都健康長寿医療センター研究所

研究部長　藤原 佳典

第3章 最新のホットなテーマと研究事例

1. 就業が健康に与える影響を
　　　　　　実証するには…

■これが、今社会から
■求められている研究テーマ

　高齢者が社会とつながりを持ち、地域で孤立すること が
ないよう社会参加を促進する方法として、ここ数年でひと
きわ注目されるようになったのが「就業」です。特におお
むね元気で、自立した日常生活を送ることができる健康な
高齢者にとって「就業」は社会貢献の場になり、生きがい
づくりの場にもなります。さらに高齢者自身の経済的な余
裕にもつながるなど、さまざまなメリットがあるからです。
しかし、「就業」が実際に健康にどんな影響を与えている
かを具体的に明らかにした研究はまだそんなに多くはあり
ません。

　心の健康と社会参加の関係を調べた調査なら、2008年
に行われています 1)。後期高齢者を全国から無作為に抽出
し、「社会的な役割とうつ症状の兆候」を3回にわかって
調べた結果、男性は退職して「働く」ことから離れると何
をしていいのかわからず、うつ症状に陥りやすいものの、
ボランティア活動がその防止策として有効だと判明しまし
た。一方、女性は家事労働だけでは物足りないからという
理由でうつ症状になることがありますが、家庭から一歩飛
び出し、何らかの形で社会参加することで解消されること

135

もわかりました。しかし、これはあくまで一般に男性は定年になると退職、女性は専業主婦というかつての日本独特の家庭の構図からの見解です。

　また、都市圏の在宅高齢者を対象に実施した「就業状態と年齢、ADL（日常生活動作）、仕事以外の趣味、健康に対する意識に関する調査」の結果が[2]、同じ 2008 年に発表されましたが、それによって就業している高齢者の方が、何も仕事をしていない高齢者に比べて 3 年後の生存率が高いことが明らかになりました。

■本当に日本人は仕事に生きがいを感じているのでしょうか

　次頁の図 1 は内閣府が 2011 年に実施した、60 歳以上の高齢者の意識を各国別に比較した調査の結果です[3]。

　極めて興味深いのは、「生きがいを感じる時」を聞いた際、「仕事にうち込んでいる時」とする割合が、日本が 21.0％に対して、アメリカは 28.5％、スウェーデンが 26.0％と高く、ドイツは 17.3％とやや低い結果になったことです。どちらかと言えば、アメリカよりも日本やドイツの方が勤勉で、勤労意欲が高いイメージがあっただけに意外な結果でした。

　さらにおもしろいのは、日本だけを見てもバブル期の方が現在よりも「仕事」にやりがいや生きがいを感じる割合が大きいこと。実際、1990 年代に国内で実施した内閣府

136

の同じような調査では、「生きがいを感じる時」と聞かれ、「仕事にうち込んでいる時」と答えた男性の割合は、41.5％と他の回答項目より圧倒的に多かったのです。今回の調査は男女両方が含まれるものの、21％だっただけに、以前に比べて有償労働に価値を置く日本人高齢者が少なくなってきていると考えられます。

■実はこのテーマに関するデータは
■1990年代から調査結果を集積中

そこで、私たちは1990年代から行われている調査の結果をもとに、「就業」が高齢者の健康にどんな影響を与えるのかを改めて分析してみました。

東京都老人総合研究所（現・東京都健康長寿医療センター）では1991年から長期プロジェクトとして、東京都A市と秋田県N村において「中年からの老化予防・総合的長期追跡研究（TMIG-LISA）」を実施しています。移動、食事、排せつ、入浴、更衣といった身の回りのことが自分でできる、「基本的日常生活活動作能力（Basic Activities of Daily Living = BADL）」において自立している65歳以上の地域高齢者1,048人を対象に、継続的な追跡調査を行いました。第1回目の調査はA市で1991年、N村で1992年にそれぞれ行い、以後、簡単な調査とやや詳細にヒアリングする調査を交互に、2000年まで最長8年にわたって実施してきました。そのつど、研究協力者の生存を確認し、

137

図1
各国別にみた生きがいを感じる時

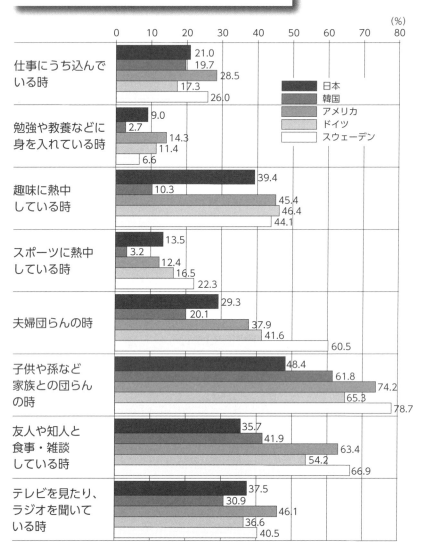

第3章 最新のホットなテーマと研究事例

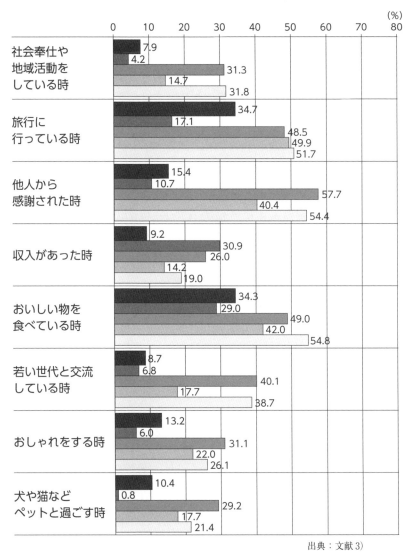

出典：文献3)

食事や排泄、歩行などのBADLを調べ、社会活動として「就業」をしているかどうかも尋ねてきました。

　「就業」の健康効果をみるポイントは、前年調査時にはなかった「基本的日常生活活動作能力（BADL）」に障害が発生した人の数と、前年調査ではBADL障害がなかったにもかかわらず、死亡に至ったケースの原因です。さらに統計的には、性別にみた就業の「有」「無」と、それぞれの「年齢」「調査地域」「配偶者の有無」「慢性疾患の既往（脳卒中、心臓病、糖尿病、高血圧）」「痛みの有無」「手段的自立（老研式活動能力指標の下位尺度）」「喫煙（現在あり、過去にあり、これまで一度もない）」「スポーツ・運動習慣の有無」「散歩・体操習慣の有無」「生活満足度」の関係もチェックしています。

2. 追跡調査8年間の結果が証明

■仕事をしていた人と　していなかった人の経過を観察

　ちなみに初回調査の時点で、2つの調査地を合わせて何らかの仕事をしていたのは502人であり、A市では男性は「どこかに勤務している」被雇用者が61.0%、女性は自営業者主が43.8%と最も多かったものの、他の就業形態とさほど大きな差は見られませんでした。N村の場合は、男性

140

第3章　最新のホットなテーマと研究事例

は自営業主が 68.1%、女性は家族従業員 73.1% が最も多く、
他の就業形態とかなり大きな差が開きました。

　さらに約 8 年にわたる追跡調査の期間中ずっと仕事を続
け、「基本的日常動作能力」を維持していた人の数が、A
市で、生存男性 66 人中 52 人（78.8%）、生存女性 27 人中
19 人（70.4%）。N 村の場合は、生存男性 185 人中 108 人
（58.3%）、生存女性 208 人中 118（57.0%）でした。

　これに対して、仕事をしていなかった人で「基本的日常
動作能力」を 8 年後にも保っていた人の数は、A 市は生存
男性 76 人中 38 人（50.0%）、生存女性 137 人中 95 人（69.3%）。
N 村は、生存男性 84 人中 29 人（34.5%）、生存女性 198 人
中 77 人（38.9%）でした（図 2）。A 市の女性のみ、「基本
的日常動作能力」の維持率には大きな差が見られませんで
したが、A 市の男性および N 村の男女では大きな差が出
ました。

　また、とくに男性の場合は、調査開始から 8 年後の自立
度に障害を発生していた人の数は、仕事をしていた人に比
べて、仕事をしていなかった人の方が約 1.5 倍多いことも
わかりました。

141

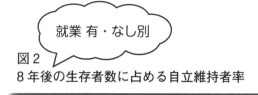

図2
8年後の生存者数に占める自立維持者率

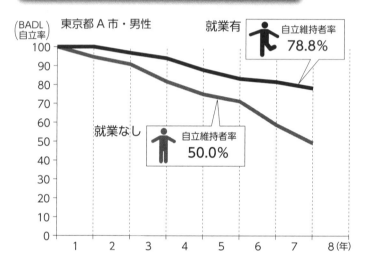

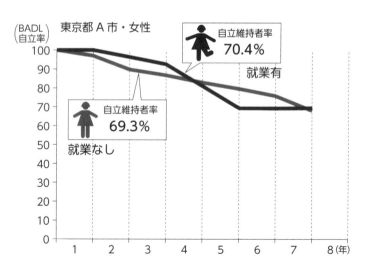

第3章 最新のホットなテーマと研究事例

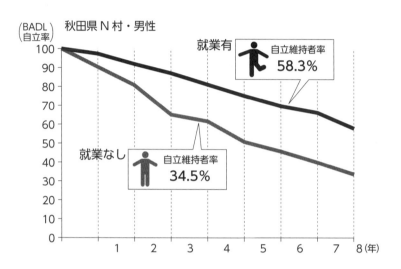

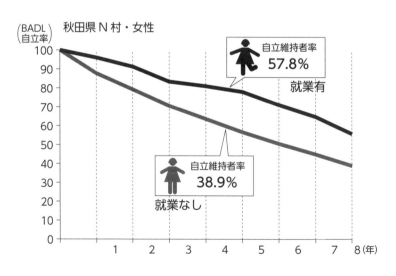

3.「就業」が健康に与える影響には男女差がある

■男性と女性とでは
■求めていることが違うから

　退職後、男性の地域活動への参加、いわゆる「地域デビュー」が女性に比べてまだまだ少ないことが、健康づくりや介護予防、社会教育の分野で大きな課題となっています。しかし、男性がなぜ社会参加したいのか、社会貢献したいのかという理由の根底には、ただ、社会と関わりたいだけでなく、何かしら明確な目的や目に見える成果を実感できるような貢献をしたい、自分を生かす分野で社会の役に立ちたいという気持ちが女性よりも強いと言えます。

　したがって、社会参加の方法も女性と同じようなスタイルを期待してもあまり得策とは言えず、この調査結果からも男性の社会参加、社会貢献のかたちとしては、「就業」に着目するほうが、男性の意向に添っているのではないでしょうか。BADL障害の抑制にもなっていることを考えても、男性にとって「就業」は心身の健康維持につながるというわけです。先述の1990年代の内閣府調査を見ても明らかなように、当時の男性は「仕事にうち込んでいる時」に一番、生きがいと感じています。その生きがいがその後の健康にも良い影響を与えた可能性があります。

144

第3章　最新のホットなテーマと研究事例

■就業環境も大きく変化
■ソーシャルビジネスの誕生

　しかし、この研究データは初回調査が1991年と20年以上も前のものです。この間、急激な少子超高齢社会の進展に加え、公的介護保険の導入や医療費など、高齢者に関わる社会保障制度の変革、所得格差や雇用均等法の制定等、社会環境も目まぐるしく変化しています。また、先に図1で示したように、最近の内閣府の調査では、高齢者の有償労働に対する価値観が低下してきているという指摘もあります。それらを考慮すると、現在の高齢者に対してこの研究結果がすべて当てはまるとは言えなくなっているかもしれません。

　その一方で、1990年代のように高齢者が「生きがい」を実感できるような「就業」環境を整備することで、当時のように「就業」が健康に対してより良い影響を与える可能性も想定できます。とくに近年は、高齢者も参画しやすいようなさまざまなソーシャルビジネスが相次いで誕生しています[4]。都市部においては既存の雇用におけるミスマッチを解消するために、高齢者に特化した就業支援サービス[5]もあちこちで目につきます。シルバー人材センターの在り方も地域ごとに多種多様になってきています。これらのプログラムやシステムを把握し、うまく活用しつつ高齢者の就業支援を行っていくことが、持続可能な社会の実現につながると信じています。

145

参考文献

1）Sugihara Y, Sugisawa H, Shibata H, et al. : Productive Roles, Gender, and Depressive Symptoms: Evidence from a National Longitudinal Study of Late-Middle-Aged Japanese. *Journal of Gerontology* 63B(4): 227-234 (2008)

2）高燕、星旦二、中山直子ほか：「都市在宅前期高齢者における就労状態別にみた3年後の累積生存率」『社会医学研究』26(1): 1-8 (2008)

3）内閣府：第7回高齢者の生活と意識に関する国際比較調査 (2011)

4）稲葉陽二：「高齢者の社会参加で医療費低減：徳島県上勝町のケース」『保健師ジャーナル』69(6): 462-466 (2013)

5）南潮、鈴木宏幸、倉岡正高ほか「都市部における新たな高齢者向け就労支援施設の取り組み」『日本公衆衛生雑誌』62(6): 281-293 (2015)

第3章　最新のホットなテーマと研究事例

「フルタイム」でも、「パートタイム」でもいい

～ CAPITAL Study による実証研究から～

「フルタイム」と「パートタイム」。
高齢期の健康にとって、
どちらの方が望ましいのか。
あるいは「無就業」の方がよいのか。
これを調べた実証研究の
結果が出ています。

鳥取短期大学幼児教育保育学科
助教
東京都健康長寿医療センター研究所
協力研究員

南 潮

第3章　最新のホットなテーマと研究事例

1. いろいろな働き方が選べる時代──

■日本の高齢者就業率は
■先進 35 カ国中、7 番目

　高齢になると、多くの人が定年退職などで仕事から離れていきます。それが健康にとっては良いことなのか、それとも良くないことなのか──。世界の研究を見ると、定年退職を「健康に良い」とする説と「健康を害す」という全く正反対の説が混在しています。

　前者では、高齢になれば体力も低下するので、引退していくことは自然なこと。仕事から離れて精神的にも身体的にも余裕ができ、健康状態も向上すると考えます。これが「離脱理論」です。一方、後者では、高齢になっても社会との関係を維持することが大切で、社会からの引退はその人の健康を低下させると考えます。これが「活動理論」です。

　では、超高齢社会の先頭を走る日本の場合はどうでしょうか？　OECD（経済協力開発機構）の調査によれば、日本の高齢者就業率は先進 35 カ国の中で 7 番目に高く、政府も 65 歳まで就業を希望する人には雇用を保証することを義務付けるなど、就業の促進を図っています。

　高齢期の就業は、その人が残りの人生をどう過ごすかという考え方（ライフプラン）と強く結び付いています。65 歳以上になると、体力的にできる業務は限られてきますが、

149

その代わりに、「健康促進や地域コミュニティへ参加する手段」として就業を捉えることができます。就業による高齢者の社会参加は、孤立の予防や健康の維持に良い効果があると考えられており、医療費削減の手段としても期待されています。

　ただ、就業と一言で言っても、企業の雇用環境や雇用形態はここ15年で大きく変わりました。高齢者の就業形態にもさまざまな選択肢が生まれています。「フルタイム就業」と「パートタイム就業」、どちらの方が健康には良いのか。あるいは、年を取ったら働かない「無就業」の方が健康によいのか、注目に値する調査研究結果が出ています。

■ 65歳以上の就業状況と ■ 健康感、活動能力を調査

　右頁のような調査地域と調査方法で2008〜2012年の間に3回の調査を行い、繰り返し質問を続けたのが下の4項目です。

①就業状況について

　「週35時間以上働いている」「週35時間未満働いている」「働いていない」の3つの中から回答してもらい、右のように、週35時間以上の就業を「フルタイム就業」、週35時間未満の就業を「パートタイム就業」、働いていない状態を「無就業」と、3つのパターンに分けました。

150

第3章 最新のホットなテーマと研究事例

調査名：CAPITAL Study
＜調査地域・調査方法＞

　高齢者が従事する職業は、都市部と農村部で大きく異なっています。農村部で高齢者が従事する農業、林業、漁業の業務は、都市部にはほとんどありません。これは、首都圏の複数の自治体を対象にした調査です。

　市内に居住する65歳以上の高齢者で、すでに介護施設に居住した人と在宅で要介護2以上の人を除いた人に、2008〜2012年の間に3回にわたって質問票を郵送し、3回とも有効回答を送り返した1,768人のデータを分析したものです。

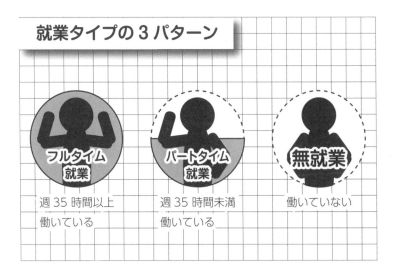

就業タイプの3パターン

フルタイム就業　週35時間以上働いている

パートタイム就業　週35時間未満働いている

無就業　働いていない

②主観的健康感について

「あなたの健康状態についてどのようにお感じですか？」という質問文に対して「とても健康」「まあまあ健康」「あまり健康でない」「健康でない」の４つの選択肢の中から１つ選んでもらい、「とても健康」「まあまあ健康」を選んだ人を１つのグループに、「あまり健康でない」「健康でない」を選んだ人をもう１つのグループに分けました。

③精神的健康について

日常生活における感情を問う15の質問による老人用うつ尺度短縮版を利用。得点が高い方がうつ傾向があると判断されます。

④高次生活機能について

「バスや電車を使って一人で外出できますか」などの日常生活動作と、「新聞などを読んでいますか」などの知的能動性と、「家族や友達の相談にのることがありますか」などの社会的役割の活動能力を問う３つのカテゴリー、計13の質問（老研式活動能力指標／35頁参照）に「はい」または「いいえ」で回答してもらいました。「はい」を１点、「いいえ」を０点として、得点が高い方が高次生活機能が高いと判断されます。

第3章 最新のホットなテーマと研究事例

2.「フルタイム」と「パートタイム」の 健康度は同水準

■ 3つの就業パターンで 健康度に違いはあるか?

まず1回目調査（2008年）の回答者を、フルタイム就業、パートタイム就業、無就業の3つのグループに分け、それぞれ「主観的健康感」「精神的健康」「高次生活機能」について比較しました。

その結果、フルタイム就業者とパートタイム就業者は、「主観的健康感」「精神的健康」「高次生活機能」がいずれもほとんど同じ水準で、無就業者よりも高くなっていました（図1）。

■ 就業状態が変わると、 健康度はどう変わる?

次に、就業状態の推移による影響を明らかにするために、1回目の調査でフルタイム就業だった人のみを対象として、以下の3つのグループに分けました（図2）。

●フルタイム継続群

3回目の調査までフルタイム就業を継続（55人）

●パートタイム移行群

153

図1
1回目調査における「就業状態の違い」による健康度の比較

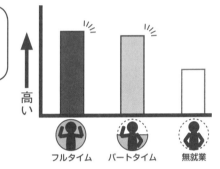

フルタイム、パートタイムは同じくらい高い

主観的健康感

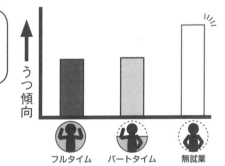

無就業はうつ傾向が高い

精神的健康

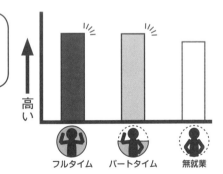

フルタイム、パートタイムは同じくらい高い

高次生活機能

第3章 最新のホットなテーマと研究事例

図2
就業状態の推移

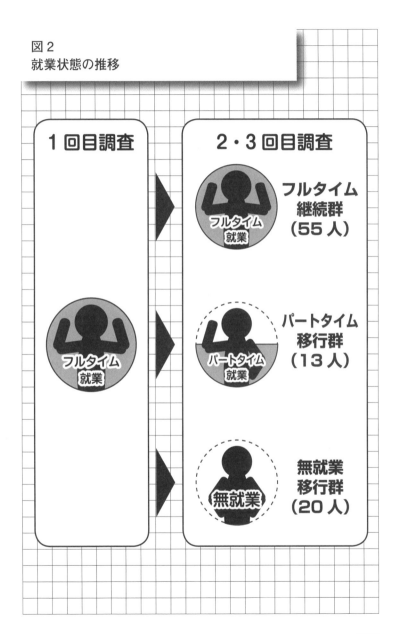

２・３回目の調査でパートタイム就業に移行（13 人）

●無就業移行群

　２・３回目の調査で無就業に移行（20 人）

　各グループで、「主観的健康感」「精神的健康」「高次生活機能」がどう変化したかを確認すると、無就業移行群での「精神的健康」と「高次生活機能」の低下が認められました（図 3）。

　これらの結果をまとめると、65 歳以上の就業者は、無就業者と比較して「主観的健康感」「精神的健康」「高次生活機能」のいずれにおいても、より良好な状態であったと考えられます。パートタイム就業者についてもフルタイム就業者とほぼ等しい結果でした。

　図 3 では、離職により「精神的健康」と「高次生活機能」が悪化するという因果関係が示されましたが、「主観的健康観」にはそれほど影響は見られません。一方、フルタイム就業からパートタイム就業に移行した群では、フルタイム就業を継続した群との差はあまりありませんでした。

■分析結果から見えてくる
■５つのこと

●まず１つ目は、65 歳未満の人との業務量や業務責任の違いです。65 歳以上の人は一般的に簡単な作業労働が多く、仕事中の緊張の度合いも現役よりは低いと考えられま

第3章 最新のホットなテーマと研究事例

図3
1回目調査でフルタイム就業だった人の
「就業推移」による健康度の変化

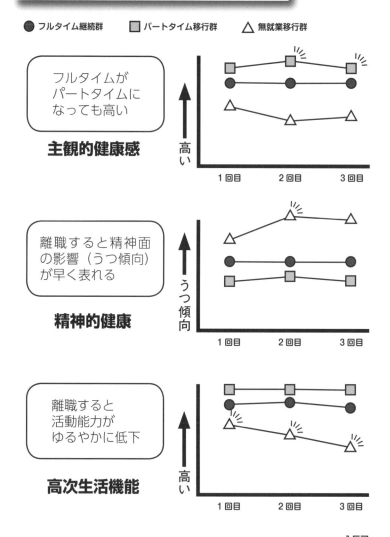

す。そのため、離職したからといって、現役が背負っている仕事上の身体的・精神的な重い負担から解放されるというほど、変化が起きるとは言いがたいのではないでしょうか。つまり、高齢者は仕事から離れることで健康状態が向上するという説（離脱理論）は、今回は当てはまらないように思います。

●次に、就業の目的です。65歳未満の多くは生活費を得るためであるのに対して，65歳以上はこれまでの就業人生の付け足し的な位置付けの場合が多いのではないでしょうか。責任のある地位で緊張感の高い業務をすることはあまりなく、年功序列から外れた警備、清掃、調理、マンション管理人などの単独作業になることが多いと思われます。そのためにフルタイム就業でもパートタイム就業でも、健康度がほとんど変わらない結果が表れたのかもしれません。

●3番目に、就業による社会参加の影響です。離職した人は社会参加が健康に与える効果がなくなったことが考えられます。調査結果からは、「精神的健康」と「高次生活機能」の両方で低下が見られましたが、そのスピードは「精神的健康」の方が早く現れていました。それは、就業だけでつながっていた社会との関係を失った後、孤立化が徐々に進むとともに、身体機能や生活機能が悪化していったことを示しているかもしれません。

第3章　最新のホットなテーマと研究事例

●4番目に、就業と健康度の関係については逆の因果関係も検討しなければなりません。就業状態の推移による1回目の健康度調査で、パートタイム移行群と無就業以降群の「高次生活機能」には、明らかな差が見られました。高齢者がフルタイム就業から離脱する際、パートタイム就業を選択するか無就業を選択するかの判断には、高次生活機能の低下が影響していた可能性があります。ただ、そうだったとしても、無就業を選択した場合には、さらに状態が悪化していることに目を向ける必要があるでしょう。

●5番目に、離職に伴う年収の低下が健康状態の悪化につながっている可能性です。実際に、フルタイム継続群の夫婦年収と、パートタイム移行群および無就業以降群の夫婦年収との間には、明らかな差がありました。ただ、夫婦年収と「精神的健康」「高次生活機能」の得点との間には相関関係は見られず、収入の低下が要因である可能性は見いだせませんでした。

　また今回の調査で明らかになったのが、パートタイム就業の効果です。フルタイム就業を希望する高齢求職者も多いのですが、健康を維持するという観点からだけなら、パートタイムで十分で、65歳以上からの急速な健康度の低下を予防する意味でも、フルタイムからパートタイムへ移行することは好ましいことと言えるでしょう。

159

■就業は健康維持に有益な
■社会参加活動

　現在、日本では超高齢社会への対応策として、2025 年に向けて「地域包括ケアシステム」という社会構造の整備が進められています。その中でも高齢者の就業は、他の一般的な社会参加活動（ボランティア、趣味、生涯学習など）と比べ、最もプロダクティビティの高い活動として期待が寄せられています。この研究が明らかにした、就業は健康維持の上で望ましい活動というデータについては、今後広く知られていくべきでしょう。

　また、このことは、65 歳以上になっても就業から離脱すると、健康状態の悪化に直結するということも同時に示しています。そのため、離職後も健康を維持していくためには、途切れることなく他の社会参加活動に移行していくことが必要だと言えそうです。

第3章　最新のホットなテーマと研究事例

参考文献

1) Cumming E, Henry WE: *Growing Old: The Process of Disengagement.* New York: Basic Books (1961)

2) Havighurst J: Successful aging. Williams R, Tibbitts C, Donahue W (eds.) Processes of aging. New York: Atherton pp. 299-320 (1963)

3) Minami U, Nishi M, Fukaya T, et al. : Effects of the Change in Working Status on the Health of Older People in Japan. *PLoS ONE* 10(12): e0144069. doi:10.1371/journal. pone.0144069

求職高齢者の仕事探しと認知機能の関連

認知症を防ぎたい。
多くの高齢者の共通の思いです。
この思いにうれしいのが、
ここでご紹介する研究結果。
仕事の手前、求職活動しているだけでも、
認知機能維持に役立つことがわかりました。

東京都健康長寿医療センター研究所

研究員　鈴木 宏幸

第3章　最新のホットなテーマと研究事例

1. 認知機能にとって、
　仕事による社会との接点が重要

■仕事をしたい
■その意欲が健康力を上げるか？

　一昔前までは、高齢になっても社会で活躍できるのは健康のおかげだと言われていました。幸運なことに年を重ねても健康が維持されている人は、本人が望めば長く社会で活躍できると考えられていたわけです。ところが、最近の研究によって明らかになってきているのは、社会参加をしている人が健康を維持できる可能性が高いということです。健康が社会参加を支えているのはもちろんそうなのですが、社会参加も健康を支えている可能性があるのです。

　高齢期の健康を支える社会参加の形として就業という行為があることが実証されつつあるのですが、まだまだその研究領域は黎明期です。例えば、高齢で働いている人だけでなく、新しく仕事を探している高齢者も対象にしていく必要があります。また、健康面への効果といっても、疾病の有無や生活機能、心身状態、認知機能など、さまざまな側面が考えられます。ここでは、東京都健康長寿医療センター研究所・社会参加と地域保健研究チームが実施した求職高齢者の認知機能に関する調査結果から、求職高齢者の仕事探しと認知機能の関連について紹介します。

163

認知機能の維持が
社会参加の条件

　本題に入る前に認知機能について簡単に説明しておきます。認知機能という言葉を聞き慣れない人もいるかもしれませんが、私たちの生活を支えているとても重要な機能を指しています。認知機能という言葉の意味を一言で表すならば,「知的な活動を支える機能」と言えます。

　私たちが日常的に行っている買い物や、そのときの買おうか、いまはやめようかという判断や、水漏れなどの生活上のトラブルが起きたときの問題解決は、知的能力を伴って行われています。判断力や交渉力、実行力があって実現しているのです。この知的な活動は、主に中枢神経（脳）の働きと対応する記憶機能や注意機能、言語機能などによって支えられています。多面的なこれらの機能をひっくるめて認知機能といっています。

　ただし、他の身体の機能と同様に認知機能も加齢とともに徐々に低下していきます。そして、アルツハイマー病などの脳の病気によって脳が萎縮し始めると、加齢よりも早いスピードで認知機能が低下します。認知機能の低下が社会生活にまで影響を及ぼすようになると、認知症と診断されます。高齢期の健康を考える上で、認知機能は重要なテーマです。

第3章　最新のホットなテーマと研究事例

■ 就業は
■ 認知機能の低下を防ぐ

　高齢期の就業により健康が維持されるという発想を支える一つの根拠として、「Use it or lose it.（使わなければ失われる）」という考えがあります。言葉が示す通り、使い続けていればその機能は維持されるが、使わなくなってしまうとその機能は失われてしまうという考え方です。認知機能に関する研究では特にこの考えが重視されています。

　代表的な研究として、高齢期における読書などの知的活動の頻度が高い人ほどアルツハイマー病の発症率が低いという報告があります。知的活動を継続していれば認知機能は失われにくいというこの研究成果は、高齢になっても働き続けることのメリットを補強しています。もちろんボランティア活動や趣味の活動にも知的活動が豊富に含まれるものが多数あります。どのような形態であっても、「役割を果たす」という仕事を持っている限り、知的活動を継続的に行っていると捉えられます。

　高齢になって仕事をしなくなる場合と、仕事を継続している場合とを比較したときに、認知機能にとってどちらが良い状況かは容易に想像することができます。

165

■求職中といっても、 ■さまざまなタイプの人がいる

　しかしながら、実際に高齢になっても働けるかどうかは個々人の事情により異なります。企業や組織が高齢者を雇用してくれるかということに加え、本人の家庭の事情や自身の健康問題などさまざまな要因が考えられます。

　それでは、どのような人たちが高齢になっても仕事を継続できているのでしょうか。数ある要因の中で最も重要なものの一つとして、就業への動機や目的が挙げられます。

　たとえ、仕事を選ばなければ就業できる可能性は高くても、やはり働く目的にそぐわなければ、長続きしません。誰しもが、自分がこれまでに培ってきた経験を生かすことを望むと思います。また、高齢になってから肉体労働である警備や清掃の仕事に就くのは容易ではありませんし、全く未経験の仕事の場に飛び込むのは、相当に勇気の要ることだと思います。

　その一方で、定年等による退職後に前向きな気持ちで新しい仕事に就こうとする人たちがいるのも事実です。そこで、求職高齢者における仕事探しのタイプに着目し、仕事の探し方と認知機能の関連に関する調査を実施しました。

166

2. 求職高齢者に
認知機能検査の協力をお願い

■ 健康状態や認知機能と
■ 求職状態の関係を長期的に調査

　定年や解雇などの諸事情によって労働の場から離れた後、改めて仕事を探している人たちの特徴を検討することを目的として、東京都健康長寿医療センター研究所・社会参加と地域保健研究チームでは東京都内の2地区において高齢者就業支援施設の利用者調査を実施しました。

　利用者調査は、定期的にアンケートを郵送し、求職高齢者の健康状態と就職状況を長期に追跡して調べるというものでした。

　この調査の協力者に、さらに、心身および認知機能に関する健康調査の受診を呼びかけました。その結果、30人（男性19人、女性11人）の方が健康調査と認知機能検査に協力を申し出てくれました。健康調査参加者の平均年齢は63.8歳で、最年少は54歳、最年長は75歳でした。

　また、認知機能検査の受診後には仕事探しや就職の状況に関するインタビューを受けることをお願いしました。募集方法として、健康調査の結果は本人にフィードバックすることに加え、協力者にはわずかですが謝礼をするということで行いました。

図 1
生きがいに着目した各認知機能検査の平均得点*

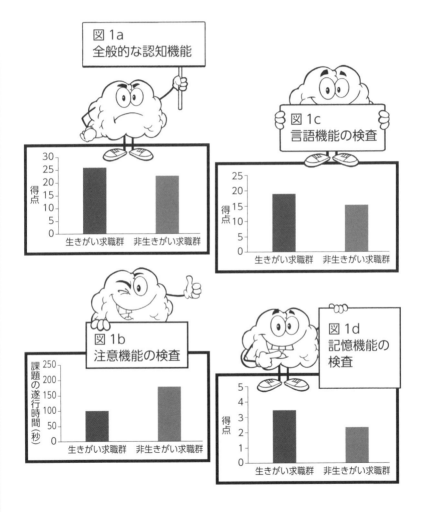

*図1a・c・dは大きい方が良。図1bは小さい方が良。

■4種類の検査で
■認知機能をチェック

インタビューの内容から、生きがいを求めて仕事を探しているグループ15名（生きがい求職群）と、小遣いや生活費など金銭を目的としたグループ15名（非生きがい求職群）に群分けを行いました。それぞれのグループの平均年齢を比べたところ、生きがい求職群は65.1歳、非生きがい求職群は62.9歳で、生きがい求職群の年齢が上でした。

この両群の認知機能を調べることにしましたが、先述したように認知機能は多面的であるため、複数の検査を使用。ここでは左の4つの検査に絞って簡単に紹介したいと思います。

1つ目に、全般的な認知機能を測定するため検査（MoCA-J）を実施しました。これは30点満点の検査で、得点が高いほど全般的な認知機能が良好であることを示すものです。2つ目に、注意機能を測定する検査（TMT-B）を実施しました。これは検査者が求める課題をなるべく速く遂行するという検査で、課題の遂行時間が短いほど注意機能が良好であることを示すものです。3つ目に、言語機能を測定する検査（意味カテゴリ語想起課題）を実施しました。これは、あるカテゴリーに該当する言葉を制限時間内になるべく多く口頭で言ってもらうことを求める課題で、生成した言葉の数を得点としました。得点が高いほど流暢に言葉を生成することができるということを示してい

169

ます。4つ目に、記憶機能を測定する検査（5単語遅延再生課題）を実施しました。これは MoCA-J に含まれている項目で、5つの単語を覚えてから数分後に思い出してもらうという課題でした。思い出せた単語の数が多いほど、記憶機能が良好であることを示すものです。

■ ＜生きがい求職群 vs. 非生きがい求職群＞ 前者の方が多面的に認知機能が良好

　両群の認知機能検査の結果を比較してグラフに表したものが図 1a から図 1d です。結果を見てみると、全般的な認知機能、注意機能の検査、言語機能の検査、記憶機能の検査のいずれにおいても、生きがい求職群の方が良好な成績を収めていました（統計学的に見ても有意な差が見られました）。

　わずかではありますが生きがい求職群の方が高年齢にもかかわらず、認知機能が多面的に良好であったことは、少なからず驚きがありました。安易に結論を出すわけにはいきませんが、この結果から大まかに2つのことが考えられます。

　一つには、仕事の中に生きがいを求めるような前向きな高齢者は、これまでに行ってきた仕事によって認知機能が維持されやすいという可能性です。逆に言うと、金銭的な理由により本人が望まずに行ってきた仕事に従事してきた高齢者には、就業による認知機能へのポジティブな影響は

170

第3章　最新のホットなテーマと研究事例

ないということかもしれません。

　もう一つには、こちらの方が現実的な考えですが、生き
がい求職群と非生きがい求職群との間で見られる認知機能
検査の差は、単なる健康格差である可能性です。仕事探し
に生きがいを求められるような高齢者は金銭的に余裕があ
ることが推測できる一方で、金銭的な理由により求職して
いる高齢者は生活に困窮しており、両群の健康状態には経
済的な背景による格差が存在することが考えられます。

■ ＜新しい仕事にチャレンジ群vs. 経験を生かしたい群＞ 前者の方が認知機能が高い傾向に

　仕事探しにおける生きがいの重要性が示唆されてはいる
ものの、その背景には経済的な格差の影響も疑われていま
す。そこで、仕事探しの動機と認知機能の関連についても
う一歩深めるため、同じデータを違う形に組み替えた結果
を見てみましょう。

　今度はインタビューの内容から、仕事探しにおいて特に
職種にこだわらず新しい仕事にチャレンジしようとしてい
るグループ17名（新しい仕事にチャレンジ群）と、今ま
で経験した仕事でのみ求職を行っているグループ13名（今
まで経験した仕事で求職群）とに分けました。それぞれの
平均年齢は、新しい仕事にチャレンジ群が65.2歳、今ま
で経験した仕事での求職群は62.4歳でした。

　両群の認知機能検査の結果が右の図2aから図2dに示さ

171

れています。結果を見てみると、全般的な認知機能、注意
機能の検査、記憶機能の検査において、新しい仕事にチャ
レンジ群の方が良好な成績を収めていました。言語機能に
おいては両群の間に統計的に意味のある差はみられません
でした。

　今回の群分けは、未経験の仕事にも挑戦するかどうかを
基準としています。今までの経験を生かした仕事探しをし
ていること自体に問題があるわけではなくとも、結果とし
ては新しい仕事にチャレンジしたい人たちの認知機能が維
持されている傾向にありました。前述の分析結果と併せて
考えると、もしも生活の困窮を理由に仕事を探しているの
であれば、求職に積極的でチャレンジ性を持っていると思
われました。しかしながら、生活の困窮を理由に求職して
いる人はある程度の収入を要しており、経験が生かせるフ
ルタイムの仕事を探しているということも考えられます。

■仕事探しと認知機能の関連を見れば
■柔軟性とチャレンジ性が重要に

　ここまでの分析結果からは、生きがいを持っている人た
ちが新しいチャレンジにも積極的で、かつ認知機能が良好
であることが示唆されました。この点についてさらに深め
るために行われた、60歳以上かつ全般的な認知機能検査
において特に得点が高かった人たちのインタビューの内容
を見てみましょう（表1）。

第3章 最新のホットなテーマと研究事例

図2
生きがいに着目した**各認知機能検査の平均得点***

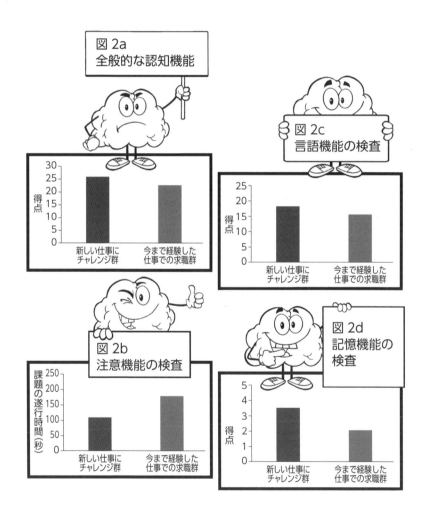

*図2a・c・dは大きい方が良。図2bは小さい方が良。

173

右の表1に示された全般的な認知機能検査の高得点者の
インタビュー概要から読み取れる特徴として、仕事に対す
る考え方の柔軟性とチャレンジ性があります。例えば、自
分の好きなものに関わる仕事を探している中で未経験だっ
た清掃業に就職したＦさんは、柔軟な思考の典型と言え
ます。また、高齢で仕事がなくなってきたというＧさんは、
自らパソコンを購入して勉強するというチャレンジ性が現
れています。

　これらの結果は、仕事に対する積極性と認知機能とが関
連していることを示唆しています。しかしながら、今回の
調査結果からは、認知機能の高さが積極性を生んでいるの
か、仕事に積極的な考えを持っている人の認知機能が維持
されているのかは明らかにすることができません。最近の
認知機能に関する研究では、生涯にわたる知的な活動がア
ルツハイマー病の原因物質の蓄積を低減し、高齢になって
からの認知機能の低下を緩やかにすることが報告されてい
ます。元々良い素質を持っている人が高齢になっても認知
機能を維持しているとなると、高齢期の就業の効果がとて
も限定的なものとなってしまう可能性があります。

■ **インタビューの結果**
＜経験にこだわりながらも、他職種で成功した事例＞

　本調査のインタビューから、これまでの経験にこだわっ
て求職をしていたものの、別職種に就職できていた事例が

第3章　最新のホットなテーマと研究事例

表1
全般的な認知機能検査で高得点だった参加者の
インタビュー概要

Aさん
前職を定年退職後、知人の紹介で事務職に。

Bさん
さまざまな職を経て、現在は未経験だった清掃業。マイペースにできる仕事をこだわりなく探したらすぐ見つかった。

Cさん
前職を定年後、同業種に就くか全く違う仕事に就くか迷ったが、せっかくだから全く違う仕事をしようと思い求職。現在は障害者就業支援施設の支援スタッフ。

Dさん
前職を退職後、現在は施設管理業。いろいろなところに行く仕事がしたいために求職中。

Eさん
前職の会社移転に伴い求職、現在は製造業。職人であり、新しい仕事でもやっている中で夢中になる。

Fさん
前職を定年退職後、現在は桟橋の清掃。船が好きで船に関わる業務を探していて清掃の職を見つけた。清掃は未経験だった。

Gさん
前職で経験のある運転に関する仕事が良かったが、年を取って仕事を選べなくなってきた。現在はパソコンを購入してホームページ作成の勉強を始めた。

175

ありました。

　Hさんは、長年勤めていた事務職を定年後、経験を生かすために事務職で求職活動をしていたのですが、なかなか仕事を見つけることができませんでした。都市部における高齢期の求職活動において、事務職は求人自体が少なく、倍率も高いために、なかなか仕事が決まらないのは当然と言えます。幸いにも生活には困窮していなかったため、時間をかけて事務職で求職を続けていたところ、知人に清掃を中心とするマンション管理を紹介されました。成り行きで引き受けたところ仕事が継続し、楽しみを見つけることもできました。

　Hさんの事例は、たとえこだわりがあったとしても、人とのつながりによって新しい仕事にチャレンジすることができる可能性を示しています。Hさんは新しい仕事に就いたという点では柔軟性があると考えられますが、きっかけがなければいつまでも就職できなかった可能性もあります。他者とのつながりが高齢期の健康に及ぼす好影響については、これまでに多数の研究によって報告されていますが、高齢期の求職においても人とのつながりが重要であることが示唆されます。そして、何かのきっかけで就職することができれば、仕事に就いていない状態を継続するよりも、認知機能の維持が期待されます。

第3章 最新のホットなテーマと研究事例

参考文献

1) Landau SM, Marks SM, Mormino EC, et al. : Association of Lifetime Cognitive Engagement and Low Beta-amyloid Deposition. *Archives of Neurology* 69(5): 623-629 (2012)

2) Wilson RS, Bennett DA, Bienias JL, et al. : Cognitive Activity and Incident AD in a Population-based Sample of Older Persons. *Neurology* 59(12): 1910-1914 (2002)

3) Wilson RS, Boyle PA, Yu L, et al. : Life-span Cognitive Activity, Neuropathologic Burden, and Cognitive Aging. *Neurology* 81(4): 314-321 (2013)

■第3章 著者プロフィール

藤原 佳典（ふじわら　よしのり）

66頁参照

南 潮（みなみ　うしお）

鳥取短期大学幼児教育保育学科　助教
東京都健康長寿医療センター研究所協力研究員

1994年京都大学文学部哲学科卒業、2016年兵庫県立大学大学院環境人間学研究科博士後期課程修了。博士（環境人間学）。1994年博報堂研究開発局研究員等を経て、2014年東京都健康長寿医療センター研究所非常勤研究員、2016年より現職。臨床心理士。専門は発達心理学。

鈴木 宏幸（すずき　ひろゆき）

東京都健康長寿医療センター研究所・
　社会参加と地域保健研究チーム研究員

2008年より東京都老人総合研究所の非常勤研究員として、高齢期における社会参加活動と認知機能の関連に関する研究に従事。同時に、併設の東京都老人医療センターもの忘れ外来にて受診患者の認知機能評価に従事。2011年中央大学大学院文学研究科心理学専攻博士課程修了。博士（心理学）。東京都健康長寿医療センター研究所非常勤研究員を経て現職。

おわりに

　できれば生涯現役で活躍していたい。私自身そう思うこともありますが、心の片隅では「でも、一生アクセクと働かなければならないのも…」と思うのも正直なところです。

　こんな思いを抱えながら、絵本の読み聞かせをしてくれるボランティアの方々と長年続けているプロジェクトに身を置くと、しみじみ感じることがあります。みなさんステージが１つ上の大人なのです。思考回路がぶれず、焦らず、たゆまず、ボランティアとシルバー人材やパートの仕事をかけもちしている人も、お一人お一人の生活のペースが実に安定していること。こちらは目先の仕事モードで焦っていても、シニアならではの冷静な判断で応答をしてくれます。

　じっくりものを考え、じっくりやれる。それも多くは自転車で行けるぐらいの活動範囲で、地に足をつけ、根をはって。そんな自分の生かし方こそ、本物の「生涯現役」なのだ、だから生涯の“業（なりわい）”として楽しめる、続けられるのだ、と気づかせてくれます。

　本書でご紹介した数々の研究結果が、この「生涯現役」の真の意味の理解と、「何歳まで働くべきか？」という難問の解決に対して、少しでもみなさまのお役に立てれば本望です。

（平成 28 年 9 月吉日　藤原佳典）

ジェロントロジー・ライブラリー②　　高齢期の就業と健康

何歳まで働くべきか?

2016 年 10 月 10 日　初版発行

編　著　者　　藤原佳典・小池高史
発　行　者　　髙 本 哲 史
発　行　所　　株式会社 社会保険出版社
　　　　　　　〒 101-0064　東京都千代田区猿楽町 1-5-18
　　　　　　　電話 (03) 3291-9841 (代表)　振替 00180-8-2061
[大阪支局]　〒 541-0059　大阪市中央区博労町 4-7-5
　　　　　　　電話 (06) 6245-0806
[九州支局]　〒 812-0011　福岡市博多区博多駅前 3-27-24
　　　　　　　電話 (092) 413-7407

落丁、乱丁のある本はおとりかえいたします。
© Yoshinori Fujiwara and Takashi Koike 2016　ISBN978-4-7846-0299-5 C0336
本書の内容は著作権法によって保護されています。本書の全部または一部を複写、
複製、転載すること（電子媒体への加工を含む）を禁じます。